HBJ Reading Program

Margaret Early

Bernice E. Cullinan
Roger C. Farr
W. Dorsey Hammond
Nancy Santeusanio
Dorothy S. Strickland

HBJ Lectura

María Manuela Barrera
JoAnn Canales
Graciela P. Rosenberg
Abelardo Villarreal

NIVEL 9

Telescopios

HBJ **HARCOURT BRACE JOVANOVICH, PUBLISHERS**
Orlando   San Diego   Chicago   Dallas

Acknowledgments

For permission to translate and reprint copyrighted material, grateful acknowledgment is made to the following
sources:

Cynthia Overbeck Bix: Adapted from "Floaters, Poppers, and Parachutes: Seeds That Travel" (Titled: "Flotadores,
   reventadores y paracaídas") by Cynthia Overbeck Bix. © 1984 by Cynthia Overbeck Bix.
Carolrhoda Books, Inc., 241 First Avenue North, Minneapolis, MN 55401: Adapted from *A Contest* (Titled: "Un
   Concurso") by Sherry Neuwirth Payne. Copyright © 1982 by Carolrhoda Books, Inc.
Contemporary Books, Inc., Chicago, IL: "It Couldn't Be Done" (Retitled: "No se puede hacer") from *The Collected
   Verse of Edgar A. Guest.* © 1934 by Contemporary Books, Inc.
Creative Arts Book Company: Adapted from *The Shoemakers Gift* (Retitled: "El regalo del zapatero"), interpreted by
   Lyndell Ludwig. Text copyright © by Lyndell Ludwig.
Delacorte Press: Adapted from *The Girl Who Knew It All* (Retitled: "La niña que lo sabía todo") by Patricia Reilly
   Giff. Text copyright © 1979 by Patricia Reilly Giff.
Doubleday & Company, Inc.: "The Colors Live" (Retitled: "Viven los colores") from *Hailstones and Halibut Bones* by
   Mary Le Duc O'Neill. Copyright © 1961 by Mary Le Duc O'Neill.
Harcourt Brace Jovanovich, Inc.: From *The Community: Living in Our World* by Paul F. Brandwein and Nancy W.
   Bauer. From *HBJ Science,* Level Green, Grade 3 by Elizabeth K. Cooper et al. Both published by Harcourt
   Brace Jovanovich, Inc.
Harper & Row, Publishers, Inc.: Abridged and adapted from *The Boy Who Wanted a Family* (Retitled: "El niño que
   quería una familia") by Shirley Gordon. Text copyright © 1980 by Shirley Gordon. Complete text, abridged
   and adapted, and illustrations from THE GREAT BLUENESS and Other Predicaments (Retitled: "El gran azul"),
   written and illustrated by Arnold Lobel. Copyright © 1968 by Arnold Lobel. Illustrations from pp. 4, 7, 18,
   and 24 in *Chanticler and the Fox* from *The Canterbury Tales* by Geoffrey Chaucer, adapted and illustrated by
   Barbara Cooney. Copyright © 1958 by Harper & Row, Publishers, Inc. Published by Thomas Y. Crowell.
D. C. Heath and Company: "Trains at Night" (Retitled: "Trenes de noche") from *The Packet* by Frances M. Frost.
The Instructor Publications Inc., New York, NY 10017: "Face to Face" (Retitled: "Cara a cara") by Anita E. Posey
   and "My Star" (Retitled: "Mi estrella") by Marion Kennedy from *Poetry Place Anthology.* Copyright © 1983 by
   The Instructor Publications, Inc. Adapted from "Barbara Cooney's Award-Winning Picture Books . . .'Make
   the World More Beautiful' " (Retitled: "Una entrevista con Barbara Cooney") by Julia Smith from *Instructor
   Magazine,* March 1985. Copyright © 1985 by The Instructor Publications, Inc.
Lantern Press, Inc., Publishers: Adapted from *Matuk, The Eskimo Boy* (Retitled: "Matuk, el niño esquimal") by Vee
   Cawston. Copyright © 1965 by Vee Cawston.
Lerner Publications Company, 241 First Avenue North, Minneapolis, MN 55401: Adapted from "Adrift in Space"
   (Retitled: "En el espacio") in *Adrift in Space and Other Stories* by George Zebrowski. Copyright © 1974 by
   Lerner Publications Company.
Librairie Larousse: Entries and illustration from *Pequeño Larousse Ilustrado.* Published by Librairie Larousse, 1964.
Lothrop, Lee & Shepard Books, a division of William Morrow & Company, Inc.: Illustrations from *Molly's Pilgrim* by
   Barbara Cohen, illustrated by Michael J. Deraney. Illustrations copyright © 1983 by Michael J. Deraney.
Macmillan Publishing Company: Adapted from *Galileo Galilei, Space Pioneer* (Retitled: "Galileo") by Arthur S.
   Gregor, illustrated by James W. Williamson. Text copyright © 1965 by Arthur S. Gregor; illustrations
   copyright © 1965 by James W. Williamson. Adapted from pp. 18–42 in *Elisabeth, The Treasure Hunter* (Retitled:
   "Elisabeth la buscatesoros") by Felice Holman, illustrated by Erik Blegvad. Text copyright © 1964 by Felice
   Holman; illustrations copyright © 1964 by Erik Blegvad. "Until I Saw the Sea" (Retitled: "Hasta qué vi el
   mar") from *I Feel the Same Way* by Lilian Moore. Text copyright © 1967 by Lilian Moore. Published by
   Atheneum Publishers, Inc.

(continued on page 360)

Contenido

Unidad 2

Las ventanillas   78

Unit 3

La belleza

154

Unidad 4   Las marcas   232

Telescopios

Unidad 1

Los pasaportes

El pasaporte es un papel escrito que un viajero necesita para entrar a otro país. La palabra pasaporte también puede usarse para significar aceptación. Para algunas personas el aprender puede ser el pasaporte para el éxito. Una aventura puede ser el pasaporte para el cambio y los amigos nuevos.

Cada uno de los personajes de esta unidad encuentra un pasaporte para cambiar su vida. ¿Cómo te gustaría viajar a otro lugar donde el modo de vivir es muy diferente al que conoces? ¿Qué harías para probar que tienes la edad necesaria para hacer un trabajo importante?

Ven y viaja con los personajes en esta unidad. ¡Qué no se te olvide el pasaporte!

El pasaporte de un zapatero es un pedazo de piel fina. ¿Que aventuras tiene el zapatero por el camino?

El regalo del zapatero

interpretado por Lyndell Ludwig

Hace muchos años, en un pueblo de la China, vivía un zapatero pobre. El zapatero se dedicaba a hacer sandalias y otras clases de zapatos para la gente del pueblo. Un día se encontró un pedazo de piel muy fina. —¡Qué piel tan fina!— se dijo. —Voy a hacer un par de botas de cazar.

El zapatero trabajó mucho haciendo las botas. Trabajó en su tiempo libre y muchas veces hasta llegar el silencio de la noche.

Cuando terminó las botas, su esposa las vio y dijo: —¡Qué bonitas botas! Sería una lástima venderlas. Se las debes regalar al rey.

Al otro día, el zapatero salió de viaje a la ciudad donde vivía el rey. La ciudad estaba rodeada por una pared muy alta. El zapatero llegó a la entrada principal. Cuando el guardia vio al zapatero, lo detuvo con su lanza. —¡Alto!— dijo el guardia. —Di lo que quieres o no te dejo entrar a la ciudad.

—Le traigo un regalo al rey— le contestó el zapatero.

El guardia vio el bulto que traía el zapatero.

—Cuando alguien le da un regalo al rey— le dijo en voz baja, —el rey siempre regala algo. Si tú me das la tercera parte de lo que te dé el rey, te dejo pasar.

No le pareció bien al zapatero, pero estuvo de acuerdo y el guardia lo dejó entrar a la ciudad.

El zapatero caminó hacia el palacio. Otro guardia estaba a la entrada del palacio. Cuando se acercó el zapatero, el guardia se adelantó y le cerró el paso.

—¡Alto!— le dijo. Dí lo que quieres o no puedes entrar al palacio.

—Tengo un regalo para el rey— dijo el zapatero.

El guardia bajó la voz y dijo —Si estás de acuerdo en darme la tercera parte de lo que te dé el rey, te dejo pasar— Para entonces el zapatero pensaba que todos en la ciudad eran ladrones.

—Está bien, te daré la tercera parte de lo que me dé el rey— le dijo. El guardia lo dejó entrar al palacio.

El zapatero se encaminó hacia el salón principal. Al entrar, habían dos puertas que cuidaba un tercer guardia. El guardia se adelantó: —¡Alto!— le dijo. Dí lo que quieras o no te dejo entrar.

—Le vengo a dar un regalo al rey— dejo el zapatero.

El guardia bajó tanto la voz que apenas se le oía: —No todos pueden ver al rey— le dijo. Si me das la tercera parte de lo que te dé el rey, te dejo pasar.

El zapatero le contestó sin pensar: —Te prometo darte una tercera parte de lo que me dé el rey— Inmediatamente el guardia abrió las puertas.

El zapatero sabía que los tres guardias se quedarían con todo lo que le diera el rey. Sin embargo entró a la habitación del rey.

—¿Quién eres?— le preguntó el rey.

—Soy zapatero de pueblo. Hice este par de botas de
caza y las traje para dárselas.

El rey vio como el zapatero sacó las botas de cazar.
Se las puso y dijo: —Acepto estas botas. Es mi deseo
darte un regalo en pago.

El zapatero le dijo: —¿Podría, gran rey, dar la orden
que uno de sus guardias más fuertes me dé noventa y
nueve golpes con un palo?

—Esa es una súplica muy extraña— le dijo el rey.
Volteó hacia su secretario y dijo: —Ordeno que a este
zapatero le den noventa y nueve golpes con un palo.

El secretario acompañó al zapatero a la puerta del palacio. El tercer guardia seguía de servicio afuera de las dos grandes puertas. El zapatero le dijo en voz baja:
—Sígueme y veré que recibas una tercera parte del regalo del rey.

A la entrada del palacio se encontraba el segundo guardia. El zapatero se le acercó: —Sígueme— le dijo en voz baja. Me encargaré de que recibas una tercera parte del regalo del rey.

Cuando llegaron a la entrada principal de la ciudad, el primer guardia estaba vigilando. El zapatero le dijo en voz baja: —Sígueme y veré que recibas la tercera parte del regalo que el rey me ha dado.

El pequeño grupo caminó un poco y se detuvo afuera de la entrada de la ciudad. El zapatero les dijo: —Hoy vine a la ciudad a darle un regalo al rey. Tuve que pasar a estos tres guardias. Cada uno me dijo que me dejaría pasar si estaba de acuerdo en darle la tercera parte de lo que me diera el rey. Ahora pido que se cumpla la orden del rey. Pido que el guardia con el palo les dé la tercera parte de los noventa y nueve golpes a cada uno de los guardias.

El secretario habló: —¡Que se cumpla!— Por orden del rey, cada uno de ustedes recibirá treinta y tres golpes.

Se empezaba a juntar la gente: —¡Viva el zapatero! Les ha pagado a aquellos que querían engañarlo— gritaron.

El rey oyó el ruido y mandó a un mensajero a traer al secretario. El secretario le dijo lo de los tres guardias y cómo trataron de hacerle trampa al zapatero. Cuando estuvo frente a él le dijo: —Hiciste bien.

El zapatero sonrió y salió lentamente. Porque todos los que salen de ver al rey tienen que bajar la vista, lo último que vió el zapatero fueron las hermosas botas de caza que él había hecho con sus propias manos. El rey aún las tenía puestas.

1. ¿Qué aventuras tuvo el zapatero a causa de las botas?
2. ¿Qué lección aprendieron los tres guardias del palacio?
3. ¿Cómo les pagó el zapatero parte de su recompensa a los tres guardias?
4. ¿Qué sentiste cuando el secretario le dijo a los guardias de su recompensa?
5. ¿Cómo te dijo el autor que el rey recompensó al zapatero por su regalo?

Aplica tus conocimientos

En español se usa el signo de interrogación al principio (¿) y al final (?) de la oración. Fíjate que al principio es invertido (¿), y al final (?) no.

1. Busca en el cuento anterior ejemplos de signos de interrogación.
2. Léelos y levanta la voz al final de cada oración.

Organiza tus ideas

Piensa acerca de los regalos que le dio el rey así como lo requirió el zapatero. Lee la última página de la selección de nuevo ¿Los noventa y nueve golpes fueron la única recompensa que recibió el zapatero? Explica tu respuesta. ¿Qué recompensa hubieras pedido tú en lugar del zapatero? ¿Por qué?

Redacta

Elige cualquiera de las actividades siguientes:

1. Escribe un párrafo que hable de la verdadera recompensa que recibió el zapatero. ¿Piensas que esta recompensa fue mejor que lo que oro o plata hubiera sido? Explica tu respuesta.

2. Supón que tú eres un zapatero. Escribe un párrafo que diga el regalo que tú hubieras pedido al rey y lo que hubieras hecho con éste.

Revisa

Lee tu párrafo cuidadosamente. Asegúrate de haber contestado todas las preguntas de la actividad que elegiste. Haz cualquier cambio que sea necesario.

Cara a cara

por Anita E. Posey

Viajar me gustaría por todo el mundo,
para observar, si la ocasión se ofrece,
niños y niñas de reír fecundo,
que también querrían verme, me parece.

Quisiera conocerlos cara a cara,
sus nombres repetir al encontrarlos,
sentarme a conversar con ellos,
sus juegos aprender para jugarlos.

¡Qué gozo ir de visita a sus hogares!
Gustar de su comida los sabores.
La vida compartir con su familia,
y ver de sus vestidos los colores.

Conocer a esos niños yo quisiera,
antes del final de mi camino;
pues sólo quien conoce a otro de veras,
puede en él encontrar un buen amigo.

Es ésta la razón por la que un día,
yo quisiera ir de viaje por la Tierra;
Niños, niñas, conocer me gustaría,
y darme a conocer de ellos y ellas.

> Los viajes de Marco Polo duraron veinticuatro años. ¿A dónde viajó? ¿Qué vio y qué aprendió?

Los viajes de Marco Polo
por Alma Marshak Whitney

Marco Polo vivió en Venecia, Italia, hace setecientos años. En el año 1271, Marco dejó a Venecia con su padre y su tío para ir a la China. El padre de Marco, Nicolo, y su tío, Maffeo, ya habían estado en la China. Ellos habían hecho amistad con el mandatario de la China, Kublai Khan, y decidieron retornar allí.

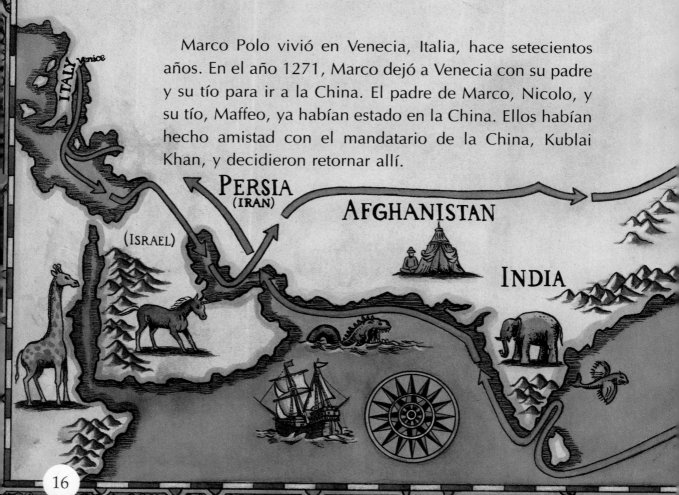

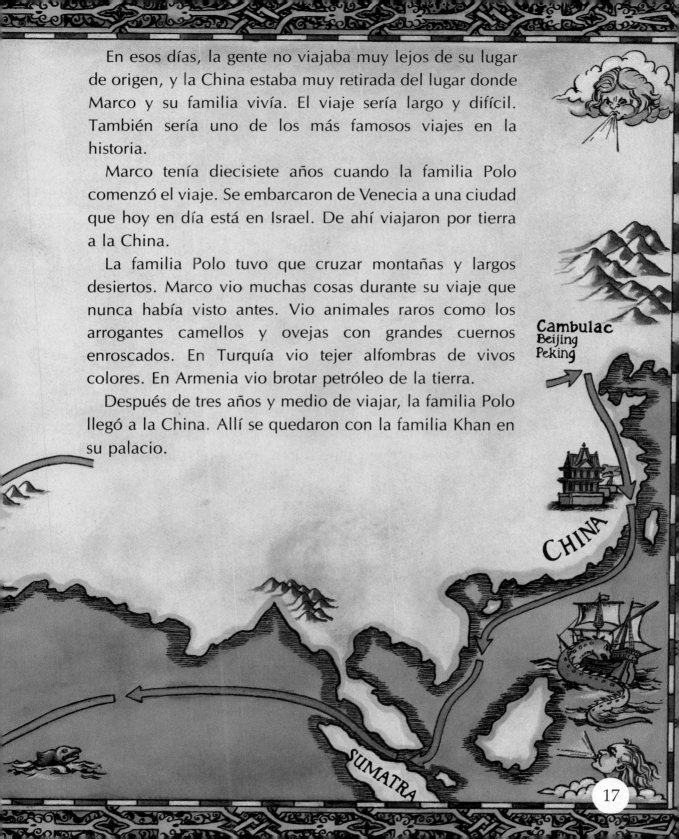

En esos días, la gente no viajaba muy lejos de su lugar de origen, y la China estaba muy retirada del lugar donde Marco y su familia vivía. El viaje sería largo y difícil. También sería uno de los más famosos viajes en la historia.

Marco tenía diecisiete años cuando la familia Polo comenzó el viaje. Se embarcaron de Venecia a una ciudad que hoy en día está en Israel. De ahí viajaron por tierra a la China.

La familia Polo tuvo que cruzar montañas y largos desiertos. Marco vio muchas cosas durante su viaje que nunca había visto antes. Vio animales raros como los arrogantes camellos y ovejas con grandes cuernos enroscados. En Turquía vio tejer alfombras de vivos colores. En Armenia vio brotar petróleo de la tierra.

Después de tres años y medio de viajar, la familia Polo llegó a la China. Allí se quedaron con la familia Khan en su palacio.

Cambulac
Beijing
Peking

CHINA

SUMATRA

17

En Pekin, Marco descubrió que la gente imprimía libros, apretando el papel contra pedazos de madera en los cuales habían tallado letras. En otras partes del mundo, los libros se seguían copiando a mano.

Marco pronto aprendió cuatro de las muchas lenguas que se hablaban en la China. Ya que Marco hablaba cuatro lenguas, el Khan le pidió que viajara por la China como sus "ojos y oídos".

En sus viajes, Marco vio muchas cosas que nunca había visto. Vio angostos caminos de madera construídos en lo alto de los lados de empinadas montañas. En un lugar vio un gran puente de mármol que servía para cruzar un río muy ancho. Marco tomaba notas describiendo lo que veía para así recordarse de todo y poder reportárselo al Khan.

Después de diecisiete años en la China, la familia Polo comenzó su largo viaje de regreso a casa. Los viajeros enfrentaron bravos mares. Su primera parada fue en Persia, que hoy en día es Irán. Rumbo a Persia, Marco tomó más notas.

---

[1] Persia [pûr'zhə]
[2] Iran [i•ran']

Escribió acerca de las especias que crecían en Java y describió animales raros como los rinocerontes de Sumatra. El viaje a Persia les llevó dos años.

Cuando la familia Polo salió de Persia, viajaron por mar y tierra para llegar a su hogar en Venecia. La familia Polo había estado fuera de Venecia por veinticuatro años. Marco era un joven de diecisiete años cuando salieron para la China. Ahora era un hombre maduro de cuarenta y un años.

Marco le contó a mucha gente sobre sus viajes. Uno de ellos, un escritor llamado Rustichello, dijo que creía que la narración de los viajes de Marco haría un buen libro. Marco y Rustichello trabajaron juntos en el libro. Cuando terminaron, el libro se tituló *Una descripción del mundo*.

Una descripción del mundo se hizo muy popular. Mucha a gente leyó el libro. Algunos no creyeron lo que leyeron. No creyeron que Marco había viajado tanto y que había visto las cosas que decía haber visto.

Casi doscientos años después, Cristóbal Colón leyó el libro y creyó las aventuras de Marco. Cuando Cristóbal Colón salió de España, llevó con él una copia de *Una descripción del mundo*. Mientras trataba de encontrar cómo navegar a los lugares que Marco Polo había descrito, Colón llegó al Nuevo Mundo.

---

¹ Java [jä′və]
² Sumatra [sōō•mä′trə]

Comentarios sobre la selección

1. ¿Por qué fue la historia de los viajes de Marco Polo importante para la gente de Venecia en 1295?

2. ¿Qué cosas nuevas aprendió Marco Polo en China?

3. ¿Qué es lo que te hace pensar que las historias de Marco Polo son verídicas?

4. ¿Por qué *Una Descripción del Mundo* es un buen título para el libro acerca de los viajes de Marco Polo?

5. ¿Cómo supiste que la gente todavía piensa en las aventuras de Marco Polo doscientos años después de que ocurrieron?

Aplica tus conocimientos

Más adelante hallarás cuatro eventos de los viajes de Marco Polo. Pon las oraciones en el orden temporal correcto.

a. Marco Polo llegó a la China.

b. Marco Polo vio alfombras en Turquía.

c. Marco Polo comenzó su viaje en 1271.

d. Marco Polo regresó a Venecia veinticuatro años después de partir para la China.

Organiza tus ideas

Marco Polo vio muchas cosas durante su viaje que duró veinticuatro años. Todas estas cosas que él vio, las describió en su libro. Muchas personas no creyeron las historias del libro de Marco Polo. ¿Por qué piensas tú que sucedió esto? ¿Qué fue lo más interesante que Marco Polo vio durante sus travesías?

Redacta

Elige una de las actividades siguientes:

1. Escribe un párrafo que describa lo que piensas tú que hubiera sido lo más interesante que vio o hizo Marco Polo durante sus travesías. Explica por qué esto hubiera sido interesante para ti.

2. Escribe un párrafo que explique dos razones por las cuales ciertas gentes no hayan podido creer las historias de Marco Polo.

Revisa

Verifica tu trabajo para aseguarte que has seguido correctamente las direcciones de la actividad que elegiste. Asegúrate de haber escrito una oración que describa el tema de tu párrafo para que el lector sepa de lo que trata.

La secuencia de tiempo

Fíjate en los dibujos. Busca el orden en que suceden las cosas.

Estos dibujos muestran sucesos en secuencia. Antes de que la niña pueda nadar, primero debe entrar al agua. Cuando ha terminado de nadar, sale de la piscina. Esto se llama el **la secuencia de tiempo.**

El reconocer la secuencia de tiempo es importante cuando tú lees. Los escritores frecuentemente nos cuentan los sucesos en el orden en que sucedieron. Esto ayuda al lector a comprender mejor lo que se cuenta.

A veces los escritores usan palabras claves para mostrar la secuencia de tiempo. Algunas de estas palabras son *entonces, cuando, ahora, mediodía, hoy, más tarde, antes, hasta, después* y *primero*. Las fechas también son claves de secuencia de tiempo. A veces se pueden escribir con números: 1981. A veces con palabras: *El cuatro de julio, diciembre, martes*.

Mientras lees los siguientes párrafos, fíjate en las fechas que el autor usó para ayudarte a seguir la secuencia de tiempo.

En octubre de 1620, el *Mayflower* navegó desde Inglaterra. Llevaba aproximadamente cien personas que querían comenzar una nueva vida en América. El viaje duró alrededor de dos meses. Finalmente, el día 21 de diciembre de 1620, el *Mayflower* llegó a Plymouth, Massachusetts.

¿Cuánto demoró el viaje? ¿Qué fechas se usaron para ayudarte? El escritor usó dos claves de secuencia de tiempo diferentes. Las fechas octubre de 1620 y 21 de diciembre de 1620 deberían de haberte ayudado a entender que el viaje duró dos meses. También el autor te ayudó todavía más con las palabras *alrededor de dos meses*.

primero

hasta

martes

diciembre

4 de julio

1981

antes

más tarde

hoy

después

23

Libros de texto en el aprendizaje: El orden de tiempo en los estudios sociales

Un texto de estudios sociales puede tener varias claves de secuencia de tiempo. Lee los siguientes párrafos. Las notas al margen de la página te ayudarán a encontrar las claves de secuencia.

Hay dos claves de secuencia de tiempo en este párrafo: *1865* y *entonces*. La fecha *1865* establece el momento histórico. La palabra *entonces* muestra lo que sucedió después de 1865.

La fecha *1869* muestra el transcurso del tiempo.

En vez de *1870,* el autor escribió *Un año después.*

La frase *En los años que siguieron* muestra que más tiempo pasa.

1885 y la frase *Para ese tiempo* son dos maneras de mostrar un mismo tiempo.

El *primer* ferrocarril llegó a Kansas City en *1865*. *Entonces*, el pueblo a la orilla del río empezó a crecer y a convertirse en una gran ciudad. El ferrocarril trajo más gente. Conectó Kansas City con las ciudades del este. Traía correo y provisiones de ida y vuelta rápidamente.

En *1869*, el Puente Hannibal fue construido. Fue el primer puente de ferrocarril que atravesaba el Río Missouri. Esto quería decir que los ferrocarriles podían ir más hacia el oeste. *Un año después* habían ocho ferrocarriles que conectaban Kansas City con otros lugares.

En los años que siguieron, Kansas City se convirtió en un mercado para el trigo. El trigo era cultivado en los alrededores. Los ferrocarriles empezaron a traer ganado del oeste. Kansas City se convirtió en un centro de intercambio de ganado. En *1885*, se construyeron los corrales de ganado. *Para ese tiempo*, aparecieron también molinos de harina y plantas empacadoras de carne. Estas industrias son importantes todavía.

—McGraw-Hill, *Communities*

Ahora lee los siguientes párrafos del mismo libro de texto. Como no se han dado ningunas fechas, tendrás que leer con más cuidado para encontrar la secuencia de tiempo.

> Durante mucho tiempo, la gente caminaba a dondequiera que fueran. Caminar era el único medio de transporte. Más adelante, quizá hubieran montado a caballo. O tal vez hubieran andado en una carreta arrastrada por caballos u otros animales. Así también transportaban bienes. En el agua se transportaban en botes. Movían los botes por medio de remos y velas.
>
> Entonces, hace unos 150 años, los medios de transporte empezaron a cambiar. Se empezaron a usar motores para mover los botes en el agua. También se utilizaron para llevar cargas sobre tierra. Como eran muy pesados, pusieron los motores sobre rieles de acero. Este nuevo medio de transporte fue llamado el ferrocarril.
>
> —Communities, McGraw-Hill

El reconocer la secuencia de tiempo te ayudará a entender mejor lo que lees. Las fechas te dicen exactamente cuando ocurren los sucesos. Otras claves temporales también te ayudarán a comprender la secuencia de tiempo.

Olga está aprendiendo acerca de su nuevo país. ¿Qué hacen Olga y los otros niños para aprender sobre los peregrinos en una de sus tareas escolares?

El peregrino de Olga

por Barbara Cohen

Olga es una niña judía que vino con su familia de Rusia a vivir en los Estados Unidos. A Olga no le gustaba ir a la escuela porque sus compañeros se burlaban de la manera en que Olga hablaba. Elizabeth era la más que se reía y la más que se burlaba.

Los estudiantes de la clase de tercer grado en la cual estaba Olga habían estado leyendo acerca de los peregrinos y sobre el primer Día de Gracias. Olga nunca había oído acerca de el Día de Gracias y le costaba trabajo leer estas palabras. Su maestra, la señorita Robinson, le pidió a Olga que leyera el cuento. Ella le dijo a Olga que el cuento le explicaría el significado del Día de Gracias. Nuestra historia comienza cuando Olga llega a casa de la escuela.

Cuando llegué a casa de la escuela, Mamá me dijo, como siempre —*Nu, shynkeit,* ¿tienes tarea?

—Necesito un gancho de tender ropa— le dije.

—¿Un gancho? ¿Qué clase de tarea es un gancho?

—Tengo que hacer un muñeco del gancho. Un muñeco peregrino.

Mamá frunció el seño. —*Nu, Malkeleh,* ¿Qué es un peregrino?

Pensé en las palabras para explicarle lo que es un peregrino y le dije: —Los peregrinos vinieron a este país de otros lugares.

—Como nosotros— dijo mi mamá.

Eso es verdad. —Vinieron para tener libertad de religión— añadí.

Los ojos de mi mamá se agrandaron y parecían
entender. —¿Tienes alguna otra tarea?— me
preguntó.

—Sí— le dije. —Tengo diez problemas de
matemática. Son difíciles.

—Házlos— ella dijo —y después ve afuera a jugar.
Yo te haré el muñeco. Te lo haré esta noche. Estará
listo para mañana por la mañana.

—Solo asegúrate que sea una muñeca— le dije.

—¡Claro!— contesto Mamá. —¿Quién ha oído de
un muñeco varón?

No me molesté en explicar.

En la mañana siguiente, cuando me senté a la mesa
para desayunar, la muñeca estaba en mi lugar. Tal
vez había sido un gancho de ropa al principio, pero
nunca lo hubiera sabido de mirarla. Mamá había
cubierto el gancho con relleno y tela. Le había hecho
pelo de estambre negro y le había bordado dos ojos,
una nariz y una boca en la cara. Le había puesto una
falda ancha y roja, pequeñas botas de fieltro negro y
una blusa de cuello alto de un amarillo brillante.
Mamá le había cubierto el pelo de estambre con un
pañuelo bordado con flores rojas.

—Está preciosa, mamá— murmuré.

Mamá sonrió satisfecha.

—Pero Mamá— añadí lentamente —no se parece a
la mujer peregrina del dibujo de mi libro de lectura.

—¿No?— preguntó Mamá.

—Se parece mucho a la fotografía tuya que te tomaron en Rusia cuando eras una niña.

Mamá se rió. —Por supuesto. Lo hice a propósito.

—¿A propósito? ¿Por qué?

—¿Qué es un peregrino, *shaynkeit*?— Mamá preguntó. —Un peregrino es alguien que viene de otro lugar en busca de libertad. Esa soy yo, Olga. ¡Yo soy una peregrina!

Estaba segura de que había algo extraño en lo que decía mi mamá. Ésa no era la clase de peregrina de la cual la señorita Robinson o el libro de lectura hablaban, pero ya era muy tarde para hacer otra muñeca. Lo único que podía hacer era tomar la muñeca que tenía y llevarla a la escuela.

Casi todas las muñecas estaban sobre los escritorios. Yo había llevado la mía dentro de una pequeña bolsa de papel. La puse dentro del escritorio sin siquiera sacarla fuera de la bolsa.

La campana no había sonado todavía. Elizabeth e Hilda caminaban por las filas apuntando a las muñecas y susurrando. Cuando llegaron a mi escritorio Elizabeth dijo en voz baja: —La señorita Robinson se va a enojar contigo Olga. A ella no le gusta la gente que no hace su tarea.

—Yo la hice— murmuré.

—Bueno, entonces déjanos verla.

Me negué moviendo mi cabeza.

—Tú no la hiciste— dijo Elizabeth burlándose. —Tú no la hiciste, tú no la hiciste.

Abrí mi escritorio y saqué la bolsa de papel. Cerré el escritorio y dejé la bolsa de papel sobre el escritorio. Lentamente saqué la muñeca.

¡Qué bárbara!— exclamó Elizabeth. —¿Cómo puede alguien ser tan tonta como tú, Olga? Eso no es un peregrino. La señorita Robinson se va a enojar de verdad contigo. Ella te va a agarrar esta vez de verdad.

Sentí que mi cara se calentó como si fuera fuego. Bajé la cabeza.

La campana sonó. Elizabeth e Hilda se apresuraron a sus asientos. Yo metí la muñeca otra vez en mi escritorio.

Después de los ejercicios de la mañana la señorita Robinson comenzó a caminar alrededor del aula, al igual que Elizabeth lo había hecho antes. Miró a cada una de las muñecas. —Bueno, Miguel, ¡qué precioso penacho de indio! ¿Dónde encontraste tantas plumas? . . . Sally, ¡está preciosa! ¡Qué cara tan interesante! . . . ¡Qué hermosa seda gris! Elizabeth. Tu peregrina luce muy lujosa.

—Yo creo que es la mejor hasta ahora— dijo Elizabeth.

—Bueno, está muy bien hecha— comentó la señorita Robinson.

Luego la señorita Robinson vino donde mí. Sin mirar hacia arriba, saqué la muñeca de mi escritorio.

Oí la risotada de Elizabeth. —¡Que bárbara Olga! dijo. Ésa no es una peregrina. Ésa es una persona rusa o polaca. ¿Qué tiene que ver una persona así con los peregrinos?

—Es muy bonita— dijo la señorita Robinson. —Tal vez Olga no entendió.

Miré a a la señorita Robinson. —Mi mamá dijo . . .— comencé.

Elizabeth se rió de nuevo.

La señorita Robinson puso su mano en mi hombro. —Dime lo que dijo tú mamá, Olga.

—Esta muñeca está vestida como mi mamá— expliqué despacio. —Mi mamá vino a América buscando libertad religiosa, también. Ella dice que es una peregrina.

Elizabeth rechifló y ella no fue la única.

La señorita Robinson caminó hacia el frente del aula. Se volteó y se quedó mirando a la clase.

—Óyeme bien Elizabeth— dijo en voz alta. Óiganme bien todos ustedes. La mamá de Olga *es* una peregrina. Ella es una peregrina moderna. Vino aquí como los peregrinos de antes, en busca de libertad religiosa y paz. La señorita Robinson miró fijamente a Elizabeth. —Elizabeth ¿sabes de dónde los peregrinos tomaron la idea del Día de Gracias?

—Se la inventaron— dijo Elizabeth.

—No, Elizabeth— contestó la señorita Robinson.

Ellos sabían acerca de la fiesta de las cosechas, una fiesta judía.

Yo conozco esa fiesta, también. La llamo «Sukkos».

—Los peregrinos tomaron la idea para el Día de Gracias de judíos como Olga y su mamá.— La señorita Robinson caminó hacia mi escritorio de nuevo. —¿Me prestas tu muñeca por un rato, olga?

—Por supuesto— le dije.

—Voy a poner esta hermosa muñeca sobre mi escritorio— dijo la señorita Robinson, donde todos la

puedan ver. Nos recordará que siguen llegando
peregrinos a América. Se sonrió conmigo. —Me
gustaría conocer a tu mamá, Olga. Dile por favor que
venga a verme uno de estos días después de clase.

—Tu muñeca es las más bonita, Olga— dijo Emma,
que se sienta junto a mí. —Tu muñeca es la más
bonita de todas.

Asentí con la cabeza. —Sí— le dije, —lo sé.

Decidí que ya que la señorita Robinson la estaba
invitando, lo correcto era que mi mamá viniera a
verla en la escuela. También me di cuenta de que se
requieren toda clase de peregrinos para hacer un Día
de Gracias.

Comentarios sobre la selección

1. ¿Qué es lo que Olga y los otros niños aprendieron acerca de los peregrinos?
2. ¿Por qué la señorita Robinson puso a la muñeca de Olga en su escritorio?
3. ¿Qué es los que Olga aprendió acerca del «Diá de gracias» al final del cuento?
4. ¿Cómo te sentiste cuando Elizabeth se rió de Olga?
5. ¿Cómo supiste que la mamá de Olga entendió el significado de ser un peregrino?

Aplica tus conocimientos

Lee las siguientes oraciones. Encuentra las palabras en las oraciones que el autor utiliza para decirte cuando algo sucede.

1. A la mañana siguiente, cuando me senté a la mesa para desayunar, la muñeca estaba a mi lado.
2. Después de los ejercicios matutinos, la señorita Robinson comenzó a caminar por todo el cuarto.
3. Más tarde la señorita Robinson vino hacia mi.

Organiza tus ideas

En «El peregrino de Olga» el autor utiliza el orden temporal para darle claves para que el lector sepa cuándo suceden las cosas. La siguiente lista te da unos ejemplos de las palabras claves.

cuando	hace mucho tiempo	mañana
día tras día	después de clases	antes

Redacta

Elige una de las actividades siguientes:

1. Escribe un párrafo que describa uno de tus días de clases. Utiliza palabras claves como las dadas anteriormente para decir cuándo suceden las cosas.

2. Utiliza claves del orden temporal para escribir un párrafo acerca de un viaje que hayas hecho. Puede ser una historia verdadera o ficticia. Da fechas, períodos de tiempo y otras claves para que el lector sepa cuándo sucedieron estas cosas.

Revisa

Lee tu trabajo cuidadosamente. ¿Usaste suficientes claves del orden temporal para que el lector sepa el orden de estos eventos? Si no es así, añade más claves temporales a tu párrafo.

Diagramas con encabezamientos y rótulos

Un **diagrama** es un dibujo utilizado para explicar cómo algo está integrado o cómo funciona. Los diagramas muchas veces llevan rótulos. Los **rótulos** son palabras que muestran las partes importantes del diagrama. A veces, una línea conecta los rótulos con partes del diagrama. A veces el diagrama viene acompañado de un encabezamiento. El **encabezamiento** nos da información adicional sobre el diagrama.

Fíjate en el diagrama del velero que aparece abajo. ¿Qué partes del velero llevan rótulos? Ahora lee el encabezado debajo del diagrama. ¿Qué dice el encabezamiento acerca del velero?

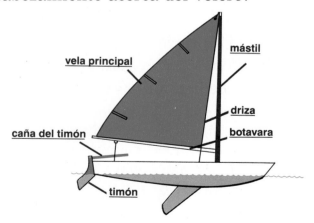

La vela principal va adjunta al mástil por medio de una cuerda que se llama driza.

Lee el párrafo que sigue. Mientras lees, fíjate en el diagrama y las partes que señalan los rótulos.

Un modelo antiguo de una locomotora de vapor.

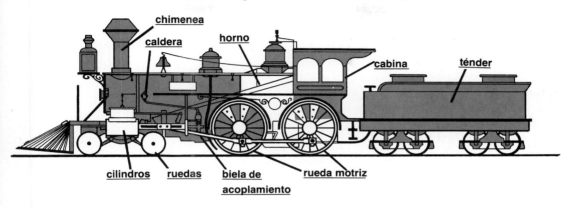

Una locomotora de vapor tiene una caldera. En el horno de la caldera se quema carbón para calentar agua. Esta agua caliente se transforma en vapor. El vapor va de la caldera a los cilindros. En cada cilindro hay un pistón. El vapor hace que los pistones se muevan y los pistones hacen que las ruedas de la locomotora se muevan. De los pistones, el vapor pasa por una chimenea que sale del motor haciendo el «chuuu-chú» típico de una locomotora.

El diagrama y los rótulos deberían haberte ayudado a comprender cómo funciona una locomotora. Un diagrama es útil para comprender cómo están integradas las cosas.

Las locomotoras de vapor se usaban frecuentemente para transportar pasajeros y carga. Descubre cómo funciona una máquina de vapor. Utiliza el diagrama para ayudarte.

Trenes

por Marsha Newfield

Hace mucho tiempo, los trenes eran llevados por locomotoras de vapor. Un viaje en un tren comenzaba en la estación de carga. La carga era colocada en cada vagón del tren. Los vagones se conectaban a otros vagones, detrás de la locomotora.

La máquina de vapor estaba en la locomotora. Una locomotora funcionaba encendiendo carbón en una caldera. Detrás de la cabina había un ténder que almacenaba agua y carbón. El fuego calentaba el agua en un calentador, así formándose el vapor. Entonces, el vapor empujaba las partes que estaban conectadas a las ruedas de la locomotora y eso las ponía en movimiento.

El maquinista y el fogonero se subían a la cabina de la locomotora. El maquinista conducía el tren. El trabajo del fogonero era ver que siempre hubiera lumbre en el calentador. Él lo hacía echando constantemente el carbón en la caldera. El maquinista y el fogonero también se iban fijando en la vía delante de ellos. Buscaban vacas y otros trenes. No era siempre fácil ver por la ventana de la cabina porque la mayor parte del humo salía de la chimenea enfrente de la cabina.

Para poder parar una locomotora de vapor, el maquinista usaba un freno de mano hecho de madera. El tren entero no se podía detener al mismo tiempo. Cada vagón tenía sus propios frenos de mano encima del vagón. El maquinista tenía que hacerle señas al resto de la tripulación para que pudieran parar al tren. Lo hacían halando el cordón del silbato del tren. Los trabajadores se subían encima de los vagones y le daban vuelta al freno de mano. Esto demoraba mucho. Después de que se inventaron los frenos de aire, se pudieron frenar al mismo tiempo todos los vagones. Los trabajadores usaban los frenos de mano solamente si los de aire no funcionaban.

El último vagón del tren se llamaba vagón de cola. Ése era el lugar donde la tripulación vivía y dormía durante viajes largos. Estaba equipado con cocina, sillas y camas. Muchos estaban pintados de rojo y tenían una torre alta para que la tripulación pudiera ver los rieles.

El silbato del tren era muy importante. El maquinista podía hacer diferentes clases de sonidos halando el cordón del silbato. Cada sonido era parte de una señal en código. Un silbido corto quería decir que pararan el tren. Uno largo quería decir que el tren estaba llegando a una estación.

También existía un silbido para salirse del riel principal a uno del lado; ya que había un solo par de rieles, ahí era donde el tren esperaba hasta que el otro pasara.

En cada estación había un telégrafo y un agente. Los mensajes telegráficos ayudaban a la tripulación a saber lo que venía en camino. El maquinista debía saber todos los problemas que se encontraban en las vías, para así hacer planes para prevenirlos y evitar accidentes.

El tren recibía un telegrama del agente de una estación.
El tren no se paraba, solamente reducía la velocidad. El
agente de la estación le tiraba el mensaje al fogonero, o
ponía el mensaje en la punta de un palo largo para que
el fogonero lo agarrara con el tren aún en movimiento.

La última parada era la estación de carga. Los vagones
podían quedarse juntos para el regreso o se le podían
agregar nuevos vagones. Luego el tren se volvía a cargar
y entonces comenzaba su viaje de regreso.

41

1. ¿Por qué necesita un fogonero una locomotora de vapor?

2. ¿Por qué empieza y termina el viaje en un área de carga?

3. ¿Por qué es importante el silbato?

4. ¿Cuál de todos los miembros de la tripulación crees tú que tenga el trabajo más difícil?

5. ¿Cómo sabes que la tripulación del tren no frena el tren con frenos de mano hoy en día?

Aplica tus conocimientos

Un diagrama te enseña cómo funciona algo.

1. Dibuja un tren en una hoja de papel. Haz rótulos para las siguientes partes: la locomotora, el ténder, el vagón de carga y el vagón de cola. Con una línea conecta el rótulo con la parte correcta que le corresponde a cada rótulo.

2. ¿En qué vagón se encontraría lo siguiente?
   a. la máquina de vapor
   b. carbón y agua

Organiza tus ideas

Se han utilizado un diagrama y un rótulo para ayudar a describir una locomotora de vapor. Piensa acerca de cómo le describirías un carro, una casa o una planta a alguien. ¿Le ayudaría a alguien a comprender mejor tu descripción un diagrama con rótulos?

Redacta

Dibuja un diagrama. Puede ser el diagrama de un carro, una planta o cualquier cosa que elijas. Haz un rótulo para cada parte del diagrama. Luego, escribe un título de dos o tres oraciones que resuma la idea del diagrama.

Revisa

¿Te acordaste de marcar cada parte del diagrama? ¿Describe tu título adecuadamente el diagrama que dibujaste? Si no, revisa tu trabajo de nuevo.

Un día, en la biblioteca pública, Marilú hizo un interesante viaje, no sólo en el espacio, sino también en el tiempo.

Una visita muy interesante

por Francisco J. Perea

Marilú formaba parte de un grupo de cuatro estudiantes. Su tarea era leer algo interesante sobre antiguos habitantes del continente americano.

Marilú pensó que lo mejor era pedir ayuda al bibliotecario. Era un joven amable. Se llamaba Luis.

—Aquí pueden encontrar cosas interesantes— dijo Luis, señalando a un librero —son mis favoritas.

Los niños comenzaron a hojear un libro, luego otro . . . y otro más. Marilú encontró en el suyo una foto que le llamó la atención. Volvió a ver a Luis y le preguntó:

—¿Qué es este edificio redondo, medio destruido?

Luis le dijo que se sentara. Puso el libro sobre el escritorio y le explicó:

—Este edificio se llama «El Caracol», en parte, por su forma circular, pero sobre todo porque tiene por dentro una escalera de caracol que sube a la parte más alta.

—¿Para qué servía— siguió preguntando Marilú.

—El Caracol lo construyeron los *MAYAS*, para ver el cielo, las estrellas, los astros.

—¿Eran los mayas astrónomos?— preguntó Marilú.

—Eran uno de los pueblos más civilizados de la Tierra, Marilú. Eran grandes matemáticos y grandes arquitectos. Por eso pudieron construirlo.

—¿Para qué querían ver el cielo y los astros? —insistió Marilú.

—Porque sabían que muchas cosas que suceden en la Tierra se entienden mejor si se observan los planetas, las estrellas, la Luna y el Sol.

—¿Me puede dar un ejemplo?

—Sí— contestó Luis con amabilidad. —Gracias a su astronomía, los mayas eran muy buenos agricultores. Su calendario era más perfecto que el nuestro. Conocían muy bien el ciclo de las cuatro estaciones del año: primavera, verano, otoño e invierno. Sabían cuándo llegaban las lluvias, cuánto duraban, cuándo debían sembrar y cuándo recogerían la cosecha. Fíjate en el círculo roto del edificio. El más alto. ¿Ves esas ventanas?

Marilú asintió con la cabeza. Luis continuó:

—Desde ahí observaban los fenómenos más interesantes del cielo. Déjame hablarte de uno en especial . . .

Luis hablaba con emoción. Marilú escuchaba. Estuvieron platicando largo rato. Marilú preguntaba. Luis respondía. Al final dijo:

—Este es el gran secreto de los mayas, Marilú . . .

En ese momento, la maestra entró y dijo a Marilú que se había acabado el tiempo, que era hora de volver a la escuela. Marilú hizo una última pregunta:

—¿Cómo ha aprendido usted tanto sobre los mayas?

—Yo soy maya— contestó Luis sonriendo. La historia de mi pueblo me interesa muchísimo.

Al día siguiente, durante el período de estudios sociales, la maestra pidió a Marilú que contara a la clase la historia que había aprendido en la biblioteca.

Marilú le explicó a la clase cómo se había sentido al oír la historia de los mayas.

—Me parecía estar entre esa gente tan civilizada.

Estoy convencida de que sabían más que nosotros.

Luego, Marilú habló del observatorio llamado «El Caracol». Mencionó la escalera interior. Después se sacó del bolsillo una hojita de papel. Tenía escritos unos números. La miró con atención.

—¿Quieren saber lo más emocionante? ¿Quieren conocer el gran secreto de los mayas . . . ?

Todas las cabezas de los niños se movieron diciendo que sí. La maestra hizo lo mismo. Marilú empezó diciendo:

—Éstos mayas observaban tan bien el cielo, que el año de . . .—Marilú volvió a ver su hojita de papel —1378, y el de . . . 1456 . . . ¡pudieron ver el Cometa Halley! ¡El mismo que ahora estamos viendo nosotros! Los mayas sabían que esa señal de fuego aparecía en el firmamento cada . . .— volvió

a ver su hojita —75 años, porque su calendario era muy exacto . . . ¡Más que el nuestro!

Otros y niñas hablaron también a la clase de lo que habían leído en la biblioteca pública. Todas las historias resultaron muy interesantes. Aquella clase de estudios sociales fue una de las mejores del año.

Pero tanto la maestra como los estudiantes consideraron que la historia de Marilú con su secreto maya había sido la mejor.

Cuando Marilú acabó de hablar, una niña comenzó a aplaudir. Todos los niños hicieron lo mismo.

Era maravilloso pensar que una civilización del continente americano hubiera podido observar el Cometa Halley, más de dos siglos antes que los europeos lo reconocieran y le dieran el nombre que hoy tiene.

49

Comentarios sobre la selección

Lee de nuevo la selección, fijándote en los detalles, y trata de contestar las siguientes preguntas:

1. ¿Qué tenían que buscar los estudiantes en la biblioteca pública?
2. ¿Por qué al observatorio muya se le llama «El Caracol»?
3. ¿Qué fue lo que observaron los mayas, que Luis llamó «su gran secreto»?
4. ¿Cada cuándo aparece en el firmamento el Cometa Halley?
5. Menciona tres ciencias en las que hayan sido expertos los mayas.

Aplica tus conocimientos

Marilú hizo un viaje a una época de hace varios siglos. ¿En qué tiempo está la mayoría de los verbos de la historia, para dar a entender que los mayas vivieron mucho antes que nosotros? A Luis le interesaba la historia maya, porque él era maya. ¿Te interesa a ti la historia de algún pueblo en especial? ¿Por qué?

Organiza tus ideas

En la selección que acabas de leer hay palabras interesantes. Piensa en lo que significan las siguientes palabras, y si podrías explicarlas si alguien te las pregunta:

escalera de caracol   bibliotecario
astrónomo   observatorio
continente americano   cometa

Redacta

Selecciona una de las siguientes actividades:

1. En un párrafo de tres o cuatro oraciones, escribe lo que te gustaría hacer si pudieras ir a visitar el observatorio maya «El Caracol».

2. Menciona tres cosas que te gustaría estudiar si fueras a un observatorio moderno y pudieras ver el firmamento y los astros.

Revisa

Lee bien lo que acabas de escribir. ¿Crees que sea tan interesante como la historia que Luis le contó a Marilú? ¿Quieres cambiar algo para que tu historia sea más atractiva?

Trenes de noche

por Frances M. Frost

Adaptación al español por Francisco J. Perea

Me alegra de los trenes el silbido,
cuando veloces rugen al pasar:
retumba el suelo, se oye su bramido,
vibrantes sus campanas repicar.

Pero amo los que lentos van cruzando
el mundo sin quererlo interrumpir;
parecen con su silbo ir arrullando
poblados que se aprestan a dormir.

El estudio de los personajes de los cuentos

El autor utiliza varios métodos que te ayudarán a entender a los personajes de los cuentos. Lee el siguiente párrafo para que conozcas un método que utiliza el autor.

> Evelyn era una niña muy feliz. Sus padres le habían prometido darle permiso para hacer una fiesta de cumpleaños la semana siguiente. Le dijeron que podría invitar a diez de sus amigos a la fiesta.

En este párrafo te enteraste que Evelyn, el personaje, era una niña muy feliz. El autor te dice esto y también te dice el por qué.

Ahora lee el siguiente párrafo y descubre otro método que él utiliza autor que podría ayudarte a comprender mejor al personaje.

> —Que los cumpla yo feliz, que los cumpla feliz— cantaba Evelyn mientras rastrillaba un rincón del jardín. —Ojalá que llegue pronto la próxima semana— pensó. —¡Estoy tan feliz! Ojalá que todos mis amigos vengan a la fiesta.

En el párrafo que acabas de leer, el autor te deja saber lo que el personaje, Evelyn, hace y en lo que piensa. En las mismas palabras de Evelyn, te enteras cómo se siente y por qué se siente así.

Ahora lee y descubre aún otro método que el autor utiliza para ayudarte a comprender al personaje.

El señor y la señora Vernon estaban parados enfrente de la ventana del comedor mirando a su hija, Evelyn, mientras ella rastrillaba las hojas en el jardín.

—¿Alguna vez has visto a Evelyn tan contenta?— preguntó el señor Vernon. —Yo pienso que hicimos bien en haberle prometido su fiesta de cumpleaños.

—Estoy de acuerdo— le contestó la señora Vernon —y creo que lo que más la hace feliz es que la dejamos invitar a sus diez amigos.

En estos párrafos el autor nos ayuda a comprender al personaje de Evelyn por medio de lo que los otros personajes dicen acerca de ella.

Mientras lees, toma en cuenta las maneras en que el autor te ayuda a conocer y a entender mejor al personaje. El autor puede

- describir al personaje;
- decir lo que el personaje dice, piensa y hace;
- utilizar otros personajes para conocerlo por medio de lo que ellos dicen.

¿Cómo la verdad es el pasaporte a cambios favorables en Tracy? ¿Cómo es que la autora te ayuda a ver estos Cambios?

La niña que lo sabía todo

por Patricia Relly Giff

Al comenzar las vacaciones, Tracy trajo a casa una nota de la escuela que decía que tenía que leer como práctica todos los días. Pero Tracy nunca encontraba el tiempo para hacerlo.

Cuando Tracy vio que las contraventanas de la casa vacía en su calle habían sido mal pintadas, trató de arreglarlas. No leyó bien las instrucciones en el bote de pintura y le puso pintura roja a las contraventanas, en vez de trementina. Tracy no sabía que la nueva directora del colegio, la señora Bemus, se iba a mudar allí.

Al comienzo de este cuento la señora Bemus y Tracy son amigas. Llevan al perro enfermo de Tracy donde el veterinario.

El viaje le pareció durar una eternidad.
Finalmente la señora Bemus se detuvo enfrente de
la oficina del doctor Wayne.

Tracy llevaba a su perro, Rebelde, a la oficina.

La señora Wayne estaba en la sala de espera y
dijo: —Pásenlo de inmediato a la oficina del doctor.

El doctor Wayne miró fijamente a Tracy mientras
ella ponía a Rebelde en la mesa. —Veo que aún no
te preocupas por lo que él come— dijo el doctor.

El doctor Wayne tocaba a Rebelde con mucho
cuidado, examinando sus ojos y orejas y oyendo el
latir de su corazón con el estetoscopio.

Finalmente alzó la vista y preguntó: —¿Qué le
has dado de comer últimamente a este perro?

—Déjeme ver— Tracy trataba de recordar.
—Comimos cereal esta mañana. De cena mi mamá
le dio comida de perro.— Por un instante tuvo la
tentación de no decirle lo que habían merendado la
noche anterior, pero suspiró hondo y continuó con
el resto de la lista. —Dos rebanadas de pizza, una
cada uno, un puñado de palomitas, media . . .

—Basta— interrumpió el doctor Wayne. —Dolor
de estómago. Es un milagro que no lo tengas tú
también. Te daré una medicina para que Rebel de
se alivie del estómago. Dásela tres veces hoy y
mañana.

Tracy puso sus manos debajo del cuerpo
tembloroso de Rebel de y a medida que salía del
cuarto, tomó la medicina del doctor Wayne.

La señora Bemus la estaba esperando en la sala
de espera. —¿Está bien?— le preguntó.

—Tiene dolor de estómago— le contestó Tracy.

Rumbo a casa le preguntó la señora Bemus:
—¿Qué hacen los otros niños en un día tan
hermoso?

Casi se le había olvidado a Tracy. —Todos están
tratando de ganar dinero para ir a la feria. Están
presentando una comedia— dijo. Quería decir algo
para cambiar la conversación. Finalmente tosió un
poco y dijo —Gracias por llevarme a ver al doctor
Wayne. Estaba muy preocupada por Rebelde.

—Lo hice con mucho gusto, Tracy, porque tú me
has ayudado mucho.

Miró a la señora Bemus para ver si hablaba en
serio. —¿La he ayudado?

—Encontré pescado para mi gato en el portal
trasero tres veces esta semana— le contestó la
señora Bemus.

—Yo se lo debía— le dijo Tracy sin pensarlo.

Hubo silencio por varios segundos. Ya la señora Bemus iba manejando loma arriba del camino a casa. —Yo soy la lunática que pintó su casa— se le salió a Tracy. —No puedo leer bien.

La señora Bemus se le quedó mirando seriamente. —¿Por qué no llevas al perro a casa y vienes conmigo para que hablemos de eso?

Tracy sacó a Rebelde del carro y con su cadera cerró la puerta. Una vez dentro de su casa, bajó cuidadosamente a Rebelde y lo dejó en la alfombra de la sala. —Vas a estar bien— le dijo. —Voy a ver a la señora Bemus, pero regreso pronto.

Antes que Tracy pudiera tocar el timbre de la casa de la señora Bemus, se abrió la puerta. —Pása a la cocina— le dijo la señora Bemus —vamos a hablar.

En la cocina Tracy Tracy comenzó —Yo no quise decir que no pude leer la etiqueta . . . quiero decir, yo solamente quería arreglar la casa. Quise arreglar las contraventanas. Pensé que el pote de pintura contenía trementina pero el pote de pintura decía "Color Rojo".— Se quedó mirando a la señora Bemus, pero la señora Bemus parecía tener la vista fija en el suelo.

Tracy comenzó de nuevo —Todo porque no puedo leer. Si no tuviera que leer, todo sería perfecto— Tracy suspiró. Carolina ya no va a ser mi amiga y Luis cree que soy estúpida. Ni siquiera voy a estar en la comedia y fue todo idea mía . . . su voz se desvanecía.

—¿Todo esto pasó porque tú tienes dificultad para leer?— le preguntó la señora Bemus. Tracy asintió con la cabeza. —Me mete en toda clase de líos.

—¿Es por eso que tú y Carolina ya no son amigas?

—Bueno— dijo Tracy —Carolina dijo que ella me iba a ayudar con la lectura.

—¿Cuándo va a comenzar?

Tracy bajó la cabeza —Le dije que no quería que me ayudara.

—Todo esto porque tú tienes dificultad en leer— le volvió a decir la señora Bemus.

—Yo . . . yo— Tracy comenzó a hablar y luego calló. De alguna manera eso no estaba bien. Le echaba toda la culpa a la lectura cuando en verdad ella era demasiado floja para practicar la lectura y trataba de compensar actuando como si los supiera todo.

Respiró profundamente y dijo: —Siento mucho lo de su casa. Iba a ganar como cien dólares con la comedia y yo le iba a dar mucho dinero para que pintara la casa de nuevo.

La señora Bemus le dijo —Sabes Tracy, me estoy acostumbrando a la casa. Nadie que yo conozca tiene pintados repollos rojos en las contraventanas.

—¡Repollos! debían ser rosas— dijo Tracy. La señora Bemus dijo —Sí, ahora me doy cuenta. Yo creo que me voy a quedar con ellas. Aún no he pintado el garage. Si tú y algunos de tus amigos quieren ganar dinero para la feria, me gustaría que ustedes lo pintaran.

—¿Lo dice en serio? Usted podría solamente pagarle a los demás niños. La parte mía le pagaría por lo que hice mal la primera vez.

—Me parece bien— dijo la señora Bemus.
—Avísame cuando estén listos para comenzar.

Después de comer, Tracy caminó hacia la casa de Luis.

¿Quieres ayudarme a pintar el garage de la señora Bemus? Te pagará.— Luis le contestó.

—Supongo que tú estarás a cargo.

—Bueno, no tengo que estar a cargo.

—Está bien— dijo Luis. —Seguro.

—¿Qué tal si le decimos a Richard?— dijo Tracy.
—Necesitamos toda la ayuda que podamos conseguir. Luego nos vemos en el garage de la señora Bemus. Voy a ver a Carolina.

Llegó enfrente de la casa de Carolina.

—Carolina— le gritó.

Carolina sacó la cabeza por una ventana.

—Carolina— le volvió a gritar. —¿Cómo te gustaría que te enseñara a pintar un garage?

Carolina se rió. —¿Cómo te gustaría que te enseñara a leer?

—Quiero que me ayudes— le dijo —de veras que sí.

Carolina bajó los escalones. Tracy la tomó de la mano y juntas corrieron hacia la casa de la señora Bemus.

Comentarios sobre la selección

1. ¿Qué problemas tuvo Tracy cuando no enfrentó la verdad?
2. ¿Por qué vuelven a aceptar sus amigos a Tracy?
3. ¿Cómo le ayuda la señora Bemus a Tracy a resolver su problema?
4. ¿Cómo te sentiste cuando Tracy le explicaba su problema a la señora Bemus?
5. ¿Cuándo supiste que Tracy le diría la verdad a la señora Bemus?

Aplica tus conocimientos

Abajo están enumeradas algunas características de Tracy. Encuentra una oración en la historia que revela estas características. La primera ya está hecha.

1. *trataba de cambiar la manera que actuaba* «Yo no tengo que ser la que manda», contestó Tracy.
2. *no era muy buena lectora*
3. *se sentía mal cuando cometía errores*

Organiza tu Ideas

El autor de «La niña que lo sabía todo» describió al personaje principal, Tracy, para que el lector pudiera conocer mejor este personaje. Piensa acerca de Tracy. ¿Si tú fueras la Sra. Bemus, la directora, cómo decribirías a Tracy? ¿Si tu fueras Tracy, cómo te decribirías a ti misma?

Redacta

Escoge una de las siguientes actividades:

1. Haz de cuenta que tu eres la Sra. Bemus. Describe a Tracy por escrito. Cuenta cómo es Tracy y lo que piensas tú que ella siente con respecto a si misma.

2. Haz una descripción de Tracy y haz de cuenta que tú eres Tracy. Incluye detalles que ayudarían al lector a comprender quién eres, cómo eres físicamente y lo que te gusta y lo que no te gusta.

Revisa

¿Es el párrafo que has escrito una buena descripción de Tracy, ya sea como se percibe ella misma o como la percibe la Sra. Bemus? ¿Hace falta agregar más detalles para ayudar al lector a conocer a la persona que has descrito? Haz todos los cambios necesarios.

¿Cómo es que la aventura de Matuk le enseña a su padre que él está Madurando? Al leer, busca los detalles que te da el autor para mostrarte cómo es Matuk.

Matuk, el niño esquimal

por Vee Cawston

Cargando la larga lanza que acababa de hacer, Matuk iba con sus perritos, Kunik y Tupak, a través de la nieve. Los perritos corrían jugando y mordiéndose las patitas el uno al otro. De repente, Matuk vio dos objetos negros que se movían a lo lejos en el mar de hielo. Desaparecían tan rápidamente que era difícil creer que realmente había visto algo. Estaba seguro que dos focas se habían lanzado a la limpia y profunda agua.

¿Qué podía hacer? Matuk pensó lo orgulloso que se sentiría en el pueblo cuando les diera las nuevas. Pero, si regresaba a traer su arpón, quizás no pudiera encontrar el lugar de nuevo.

Decidió que un buen cazador debía, para comenzar, poner una marca. Matuk agarró su lanza y la bolsa vacía y se apresuró a través de las resbalosas rocas de hielo a lo largo de la orilla. Kunik y Tupak lo seguían paso a paso, mientras él corría hacia el lugar donde había visto desaparecer a las focas.

Pronto llegó Matuk hasta una ancha grieta en el hielo.
Cuando se asomó desde la orilla, vio que el hielo
continuaba hacia el agua de abajo. Sería fácil para las
focas subirse a tomar el sol. —Yo creo que éste es el
lugar— le dijo Matuk a sus perros. Caminó unos
cuantos pasos y vio las marcas donde habían
descansado las focas. Si nada las espantaba, podían
regresar.

Empujó su lanza directamente por la grieta en el hielo, como marca, y colgó en la lanza la bolsa de piel de foca. Se sentó por un momento, acercando a Kunik y a Tupak para que no hicieran ruido. Matuk estaba atento, escuchando con la esperanza que de alguna foca ladrara. Los perritos comenzaron a moverse y a morderse el uno al otro. Matuk los apretó junto a él y eso no les gustó a los perritos. De repente se soltó Tupak y comenzó a correr por la orilla, haciendo pequeños gruñidos.

—¡Ven acá, Tupak! ¡Cállate!— le gritó Matuk, pero el perrito no le hizo caso. Matuk trataba de atraparlo. Pero los perritos creyeron que él trataba de jugar. Ladraban, brincaban y corrían como si estuvieran jugando.

Luego pasó algo terrible. Tupak dio un gran salto hacia atrás y desapareció. Matuk corrió a la orilla del hielo y miró hacia abajo. Allí estaba Tupak fuera de alcance, enterrando sus garras en el hielo y temblando de miedo. Podía caer más abajo en cualquier momento.

Matuk gritó fuertemente para que le ayudaran. Aunque podía ver el pueblo, estaba muy lejos. Ahora no se sentía muy maduro. Tenía que hacer algo. Miró de nuevo a su lanza y supo que Tupak no podía agarrarse de ella. —¡Pero yo sí puedo!— gritó y corrió a traerla.

En el lugar donde había caído Tupak, Matuk enterró
la lanza en el hielo con toda su fuerza. Se comenzó a
bajar, pies primero, sobre la orilla del agujero. Kunik se
acercó lo más que pudo para verlos. Gemía
suavemente.

Con el brazo que tenía libre, Matuk apenas pudo
alcanzar a Tupak. Lo agarró. Lentamente, Matuk levantó
al aterrorizado perrito un poco más cerca de él. Pronto
logró poner un brazo alrededor de Tupak. Matuk se
paró sobre un banco de hielo. Empujó a Tupak enfrente
de él, sobre la orilla, y a salvo.

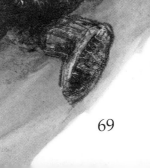

Matuk podía ahora alcanzar su lanza con ambas manos. ¡Qué cansados tenía los brazos! Comenzó a dudar que tuviera suficiente fuerza para salirse él solo.

En ese momento, ambos perros comenzaron a ladrarle a algo que Matuk no podía ver. Salieron corriendo, ladrándole al lo que descubrieron.

Matuk sabía que tenía que salirse del agujero antes que Kunik y Tupak se metieran en más líos. Estirándose, se levantó sobre sus codos.

De repente oyó un grito y vio a su padre corriendo hacia él.

Su padre logró sacarlo del agujero. Matuk estaba boca abajo en el hielo, demasiado cansado para abrir los ojos o para hablar.

Cuando pudo moverse de nuevo, vio que su padre había sacado la lanza y la estaba examinando. —Es fuerte y está bien hecha— dijo como si estuviera sorprendido. —¿Qué andas haciendo con esto?— le preguntó su papá.

Matuk se sentó lentamente. —Marqué los agujeros de las focas para ti.

—¿Te caíste en el agujero?— preguntó su padre.

—No . . . fue Tupak— contestó Matuk. Sabía que era mejor explicarle todo.

Cuando el padre de Matuk oyó lo que había pasado, dijo —Recordaste que un cazador piensa primero en los otros y hace lo mejor que puede cuando hay peligro. Miró a Kunik y a Tupak. —Son pequeños y aún tontos. Llévalos a casa. Luego que regreses, tú y yo esperaremos juntos a las focas.

No se lo tuvo que decir dos veces. —Habrá una gran fiesta en el pueblo hoy— le dijo Matuk a su padre con orgullo.

Comentarios sobre la selección

1. ¿Qué detalles incluye el autor para que el padre de Matuk vea que Matuk está creciendo?

2. ¿Cómo premió el papá a Matuk por su valor?

3. ¿Por qué tuvieron que rescatar a Matuk?

4. ¿Por qué, piensas tú, que el econtrar a las focas era buenas noticias para la aldea de Matuk?

5. ¿Cuándo supiste, por primera vez, que el papá de Matuk se había dado cuenta que su hijo crecía?

Aplica tus conocimientos

En esta historia, hay detalles que demuestran que Matuk era un muchacho muy inteligente y un buen cazador. ¿Cuáles de las siguientes oraciones que demuestran esto?

1. Kunik y Tupak lo seguían muy de cerca.

2. Luego Matuk llegó a una grieta ancha en el hielo.

3. Decidió que un buen cazador primero pondría un marcador.

4. Matuk sabía que tenía que salir rápido del hoyo.

Organiza tu Ideas

Matuk, el muchacho en la historia, puede ser que sea muy diferente a ti. ¿Qué diferencias se te ocurren? ¿Crees que tú hubieras hecho las mismas decisiones que hizo él? ¿Por qué?

Redacta

Escoge una de las siguientes actividades:

1. Escribe un párrafo dando tres ejemplos de lo que hizo Matuk para demostrarle a su papá que ya estaba creciendo.

2. Imaginate que acabas de pasar un día con Matuk. Escribe un párrafo que describa tres maneras en que la vida de Matuk difiere de la tuya.

Revisa

Asegúrate que hayas expresado con claridad la idea principal de tu párrafo. Deberías sustentar tu idea principal por lo menos con tres detalles. Haz los cambios que sean necesarios.

Pensando en "Los pasaportes"

Tu viaje por los Pasaportes ha terminado, pero las aventuras que leíste van a estar contigo por mucho tiempo. Piensa acerca de cómo le ayudó el regalo del zapatero a enseñar una lección. Recuerda cómo aprendió Molly a sentirse orgullosa de su origen. Piensa acerca de cómo Tracey descubrió que podía resolver sus problemas al aprender algo de sí misma.

¿Cómo te ayudó el autor de cada cuento a conocer mejor a los personajes? ¿Fue por la descripción de los personajes, por medio de lo que hacían o decían, o fue por medio de los pensamientos y sentimientos de los personajes?

Cada uno de los personajes de los cuales leíste en esta unidad, usó algún tipo de pasaporte para aprender algo, para desarrollarse como persona, y para ser más feliz. Vas a descubrir que los personajes en otros cuentos que leas buscan algunas de estas mismas cosas. Mientras lees, decide cómo trata un personaje a un cambio. Te puedes preguntar si sabes cúal es el pasaporte de ese personaje.

1. Los cambios ayudan a la gente a madurar. Este es el tema de «Pasaportes». ¿En qué forma maduraron a causa de un cambio los personajes de «La niña que lo sabía todo» y «Matuk, el niño esquimal»?

2. ¿Qué problema tuvo cada uno de los protagonistas en las selecciones ficticias de esta unidad y cómo lo resolvieron?

3. ¿Cuáles personajes tuvieron que resolver un problema y actuar con rapidez cuando surgió alguna novedad?

4. ¿Cuáles personajes confrontaron situaciones que les ayudaron a aprender acerca de nuevas ideas?

5. ¿A qué personaje le gustaba contarle a otra gente acerca de cosas increíbles?

Lectura independiente

El valiente soldadito de plomo por Hans Christian
Andersen. Promexa. Relata las aventuras de un
soldadito que se enamora de una bailarina de
papel.

Lo que el viento nos cuenta de Waldemar Daae por Hans
Christian Andersen. Vergara. Versión de un
cuento de hadas sobre un mago. Tiene hermosas
ilustraciones.

El camisón bordado por Ana Balzola. Miñón. Mientras
Margarita lava la ropa en el río, la corriente se
lleva un precioso camisón. Margarita corre en su
búsqueda y encuentra un mundo mágico.

Los compañeros por Lygia Bojunga Nunes. Juventud.
Esta historia transcurre en Río de Janeiro, Brasil,
durante el carnaval. Los protagonistas son un
conejo, tres perros y un oso.

El libro de las fábulas Colección de Carmen Bravo-Villasante. Miñón. Reúne obras de varios autores famosos. La lectura te va a resultar muy entretenida.

El libro de los 500 refranes Colección de Carmen Bravo-Villasante. Miñón. En estos proverbios optimistas encontrarás muy buenos consejos.

Pinocho por Carlo Collodi. Nebrija. A Pinocho le crece la nariz cada vez que miente. Este muñeco se convierte en niño cuando deja de mentir.

Una niña oye una voz por Carmen Conde. Escuela Española. Reúne tres historias, dos de ellas escritas en forma de diálogo. La primera trata sobre una voz misteriosa que habla con una niña.

Las ventanillas

La ventanilla es una abertura pequeña o ventanita en el costado de un buque. Si dos personas se asoman por la misma ventanilla, tal vez vean dos cosas diferentes ot tal vez vean la misma cosa de maneras distintas.

El mirarse en un espejo puede ser semejante al asomarse por una ventanilla. Es posible que no te veas en la misma forma que te ven otros.

Cuando leas los cuentos de la siguiente unidad, aparenta mirar a los personajes por una ventanilla. Fíjate en cómo cambian sus puntos de vista y lo que provocan estos cambios. Piensa en lo que tú harías si te sucediera lo mismo. Mientras leas, fíjate si hay un cambio en tu opinión sobre los personajes.

A la señorita Moody le gusta caminar en la playa después de una tormenta. ¿Qué es lo que encuentra en la playa que pudiera ocasionarle un problema? ¿Cómo lo resuelve?

No lo abran

por Brinton Turkle

La señorita Moody vivía en el litoral con el Capitán Kidd. El Capitán Kidd no era el famoso pirata, sino un gato. Una mañana después de una tormenta, lo encontró la señorita moody tirado en la playa. Estaba casi ahogado. Ella lo cuidó hasta que se mejoró, y para pagarle sus bondades, él le dejó su casa sin ratones.

El Capitán Kidd odiaba las tormentas. A la señorita Moody le encantaban. Casi todo lo que tenía en su casa lo había encontrado en la playa después de las tormentas, hasta el hermoso reloj en forma de banjo sobre la chimenea. Lo único malo que tenía era que no funcionaba. Las manecillas siempre indicaban veinte minutos para las cuatro.

Una tarde de un día de septiembre, se oscureció el cielo. El viento soplaba del sudeste. La señorita Moody sabía lo que venía. Cerró las ventanas y encendió un alegre fuego en la chimenea. El Capitán Kidd no salía de debajo de la cama.

Relampaguearon los rayos. Estallaron los truenos. La lluvia arremetía contra las ventanas.

¿Estaba preocupada la señorita Moody? Ni un tantito. Su fuerte casa la había construído un capitán de la marina. Podía aguantar cualquier tormenta. Sonrió como si pensara en las sorpesas que estarían esperándole en la playa por la mañana.

Después de un rápido desayuno al día siguiente, la señorita Moody sacó la vieja carretilla. El Capitán Kidd y ella estaban listos para buscar el tesoro.

La primera cosa que encontró fue una cajita de lata muy bonita que era lo que necesitaba para su colección. Puso la cajita en su carretilla.

Luego vio algo rojo en la arena. Era una alfombra que le faltaba una esquina, pero que se veía muy bonita en su recámara. El pedazo roto se podía esconder debajo de la cómoda, así que puso la alfombra en su carretilla.

Después se encontró un montón de madera. ¡Qué lindos colores haría cuando la quemara en su chimenea! Era mucho para un solo viaje, así que puso lo más que podía en la carretilla y se fue a casa. Regresaría después por lo demás.

El Capitán Kidd fue el primero en ver la botella morada no le gustó. Estaba bien cerrada y tenía raspadas las palabras: *No se abra*.

Mientras la señorita Moody levantaba la botella, una voz decía —¿Qué es lo que quieres más que nada en el mundo?

Lo que más quería la señorita Moody era que su reloj en forma de banjo trabajara bien; que marcara el tiempo e hiciera el mismo ruido de los relojes en forma de banjo. Estaba segura que no quería decirle esto a un desconocido. —¡Qué le importa!— dijo y dio la vuelta a ver quién estaba detrás de ella.

No había nadie. Ni siquiera podía ver al Capitán Kidd, hasta que se fijó que éste estaba moviendo la cola debajo de la carretilla.

—Te doy lo que tú quieras si me dejas salir, ¿por favor?

¡La voz salía de adentro de la botella! Casi se le cae a la señorita Moody. —¿Quién eres?— le dijo.

—Soy un pobre niño. Me puso aquí un mago tramposo y ya quiero irme a casa a ver a mi mamá. ¡Saca el corcho por favor y déjame salir!

¿Debería de abrir la botella? La señorita Moody no podía dejar que llorara el niño. Haló el corcho y de repente se destapó.

Cuando salió humo de la botella, ella la tiró en la arena. El humo salía en oleadas, torcíendose en una gran nube negra y después se rompió la botella. De adentro de la nube se oyó una horrorosa carcajada. No era la carcajada de un niño.

—¡Libre!— gruñó uno voz como trueno.

Se limpió el humo y la señorita Moody se quedó viendo al más grande y feo monstruo que ella jamás había visto.

—Gracias señora— le dijo. —Lo siento que usted no tuvo algún deseo. —Pudo haber pedido cualquier cosa, tal como oro, joyas o un palacio. Yo la hubiera hecho reina o presidente.

—Tú eres solamente una pesadilla— le dijo la señorita Moody.

—¿Por qué no me tienes miedo?

—Porque no le tengo miedo a nadie en que yo no creo y no creo en ti por nada.

El monstruo creció más grande y más feo. —¿Ahora me tienes miedo?— le preguntó.

—No— le dijo la señorita Moody.

El monstruo se hizo aún más grande y más feo. —¿Todavía no me tienes miedo?— se burló.

—No me da miedo que te pongas más grande y más feo— le dijo la señorita Moody. —Solamente le tengo miedo a los ratones y tú no puedes ser chiquito como ellos.

El monstruo se desapareció. A los pies de la señorita Moody se encontraba un ratoncito gris.

El Capitán Kidd le saltó tan rápido que el ratón no tuvo tiempo de chillar. Se lo tragó.

—¡Capitán!— gritó la señorita Moody. ¿Estás bien?

El Capitán Kidd se estiró. La señorita Moody, El Capitán Kidd y la carretilla se fueron a casa tambaleándose un poco.

Antes de llegar a la casa, la señorita Moody oyó un «¡Bong! ¡bong! ¡bong! ¡bong! ¡bong!» Se apresuró a entrar.

Su hermoso reloj en forma de banjo que estaba encima de la chimenea estaba ocupado marcando el paso. Las manecillas apuntaban un minuto después de las ocho.

1. ¿En qué fue diferente el viaje a la playa de la señorita Moody después de la tormenta a todos los demás?
2. ¿Cómo fue que la señorita Moody resolvió su problema en la playa?
3. Había otra sorpresa esperándola en su casa cuando llegó la señorita Moody. ¿Qué era?
4. ¿Cómo piensas que la Señorita Moody se sintió cuando llegó a su casa?
5. ¿Cómo supiste que la criatura no lastimaría a la señorita Moody?

Aplica tus conocimientos

Lee la siguiente conclusión. Luego, decide cuál de los siguientes detalles de la historia sustentan a esta conclusión.

Conclusión: La señorita Moody no tiene miedo a las cosas que la mayoría de las personas tienen miedo.

1. La señorita Moody adoraba las tormentas.

2. La criatura grande y fea no asustó a la señorita Moody.

3. La señorita Moody quería que funcionara su viejo reloj en forma de banjo.

Organiza tus ideas

Piensa en todas las cosas que la señorita Moody había encontrado en la playa después de las tormentas. ¿Cuál de todas estas cosas te parece la más interesante? Si tú te dieras un paseo en la playa después de una tormenta, ¿qué piensas que podrías encontrar?

Redacta

Escoge una de las siguientes actividades:

1. Imagínate que acabas de darte un paseo en la playa después de una terrible tormenta escribe un párrafo que describa algo que te encontraste en la playa. Di por qué decidirías quedarte con ella.

2. Imagínate que acabas de encontrarte la botella morada que dice «No se abra». Escribe un párrafo que diga qué es lo que vas a hacer con la botella. ¿La abrirás? ¿Pedirás un deseo? ¿Qué sucedería luego?

Revisa

Lee tú párrafo. ¿Describiste lo que sucedió claramente? Si se necesitan hacer cambios, hazlos.

Puedes encontrar muchos tipos de seres vivos cuando estés en la playa. Lee y descubre lo que son algunos de estos seres.

La vida de la playa

por Louisa Johnston

La costa, o playa, es la tierra colindante a un gran volumen de agua. Un mar, un océano, un río y un lago tienen una orilla hecha de rocas, lodo o arena. Los granos de arena de la playa fueron una vez grandes rocas y conchas que durante un largo período de años fueron molidos por el agua y el viento en pequeños granulitos.

La playa es el hogar de una gran cantidad de seres vivos. También es un buen lugar para explorar y para estudiar estos organismos. La marea alta, o cuando sube la marea, es cuando sube el nivel del agua en forma de olas y cubre parte de la playa. Mientras el agua corre a lo largo de la playa, se lleva con ella seres vivos y materiales inorgánicos. Después de algún tiempo, la marea empieza a bajar y el agua baja de nuevo a su nivel original, o marea baja. Durante la subida y la bajada de la marea, muchísimos seres vivos y materia inorgánica quedan sobre la playa. Esto sucede dos veces al día.

También durante una tormenta, la corriente saca a estos seres vivos y materia inorgánica, dejándolos a lo largo de la playa. Algunos de estos seres vivos que quedan sobre la playa son animales tales como cangrejos, moluscos y estrellas de mar. También encontramos algas y otras plantas. Alguna de la materia inorgánica que se puede encontrar sobre la playa incluye conchas vacías, piedras y madera arrojada por el agua.

La playa es el hogar de plantas, tanto como de la arena y los animales del mar. Estos seres vivos son capaces de convivir, cuidarse uno al otro y respetarse uno al otro. Cada animal o planta tiene su propio lugar en su hogar, la playa, e influye en la vida de todo lo que lo rodea. Los materiales inorgánicos —conchas vacías, piedras y madera— sirven para proteger a las plantas, a los animalitos que viven en la arena y a los animalitos que viven en el mar de las cosas que los puedan dañar o matar.

¿Alguna vez has movido una roca o has levantado una concha y has encontrado ahí abajo el hogar de un animalito del mar? Frecuentemente el cangrejo ermitaño encuentra una concha vacía y hace de ella su hogar. Una vez adentro de la concha, el cangrejo estará protegido de los ventarrones, corrientes violentas, otros animales y más aún de la gente.

Como la playa es un lugar muy divertido para visitar, mucha gente va allí a nadar, a pescar, a navegar y de pasadías. Lo mejor que puede hacer la gente por los animales de la playa es respetarlos, a ellos y a sus hogares. Haciendo esto, la gente cumple con su parte para llevarse bien con la vida marina y para conservar la belleza de la playa.

La playa es un lugar que puedes disfrutar con todos tus sentidos. Usas tu sentido del tacto mientras caminas a la orilla del agua y sientes la arena dabajo de tus pies descalzos y entre tus dedos. Casi alcanzas a probar el sabor salado del agua, puedes oler la fresca brisa del mar y oír el sonido de las olas al golpear la orilla de la playa. Ten mucho cuidado con los animales que viven en la arena y en el agua. La vida, el color y las formas fantásticas que hay la playa, te están esperando para que las explores.

Comentarios sobre la selección

1. ¿Cuáles son algunas de las cosas que puedes encontrar en la playa?
2. ¿Por qué piensas que la gente encuentra a la playa interesante?
3. ¿Cuál es el mejor tiempo para ver más vida marina en la playa?
4. ¿Por qué piensas que te gustaría ver la playa cuando la marea está baja?
5. ¿Como es que el autor te dice que goces de la vida en la playa?

Aplica tus conocimientos

La idea principal del párrafo o de la selección es la idea más importante. Frecuentemente los detalles sustentan o hablan acerca de la idea principal.

Lee la siguiente idea principal y los detalles que la sustentan. Luego, encuentra dos detalles más de la selección que sustenten a esta idea principal.

Idea principal: La playa es el hogar de muchos seres vivientes y seres inorgánicos.

Detalle: También se pueden encontrar algas y otras plantas.

Organiza tus ideas

Piensa en lo divertido que sería estar en la playa. ¿Qué puedes hacer allí? ¿Qué descubrimientos podrías hacer?

Redacta

Escoge una de las siguientes actividades:

1. Imagínate que estás en la playa de vacaciones. Escríbele una carta a un amiguito acerca de tus vacaciones. Cuéntale a tu amiguito lo que has hecho en la playa. Recuerda las reglas que se utilizan para escribir una carta amistosa.

2. Vuelve a leer el último párrafo de la selección. Escribe un párrafo que responda a las siguientes preguntas. ¿Qué podrías ver en la playa? ¿Qué podrías oír? ¿Qué podrías sentir? ¿Qué podrías probar? ¿Qué podrías oler? Escribe acerca de otras cosas diferentes a aquellas de la selección.

Revisa

Lee tu trabajo. ¿Seguiste las instrucciones dadas en la actividad que escogiste? Si necesitas hacer algún cambio, hazlo.

El propósito del autor: Informar, Entretener

Los autores escriben por muchas razones. Muchas veces escriben acerca de gentes, lugares o eventos reales o ficticios que pueden ser graciosos, tristes o que den miedo. Los autores a veces escriben sobre estas cosas para **entretenerte**. Los autores también escriben sobre estas cosas para **informarte** utilizando hechos o ideas.

Los párrafos que siguen fueron escritos para entretenerte. Léelos y explica cómo sabes que esto fue el propáaosito del autor.

Cuando acabó de desempacar, Nelson caminó hacia el ropero de Adam Joshua para guardar sus maletas. Los montones de bultos de Adam Joshua se cayeron sobre de él justo en el momento que abrió la puerta.

—¡Adam Joshua!— le gritó Nelson, sacudiéndose del pie un dinosaurio de juguete. —¡Ésta no es manera de tratar a un amigo!

de *The Kid Next Door and Other Headaches*
por Janice Lee Smith

El autor describe a Nelson, el cual está molesto con su amigo Adam Joshua. Quizás te hayas reído cuando te imaginaste el montón de ropa y de juguetes cayéndole encima al abrir la puerta del ropero.

El párrafo que sigue fue escrito para informar. Léelo y explica cómo sabes que éste fue el propósito del autor.

Podemos encontrar conchas de mar en donde se juntan el mar y la tierra. Hay muchas clases de conchas. Puedan ser redondas como la Luna, largas como un cuchillo o en forma de cajas, abanicos o trompos. Las conchas que encontramos están comúnmente vacías, pero alguna vez tuvieron adentro un cuerpo suave. Llamamos moluscos a los animales que están cubiertos por una concha dura y que en el interior contienen un cuerpo suave.

de *A First Look at Seashells*
por Millicent E. Selsam y Joyce Hunt

El autor comparte contigo datos e información acerca de las conchas de mar. Deberías haber aprendido algo acerca de las conchas; esto es, si antes de haber leído este párrafo, no sabías nada acerca de ellas.

Después de leer el artículo, trata de deducir la razón por la cual el autor lo escribió. ¿Escribió este artículo con la intención de compartir cierta información para que aprendas algo, o para entretenerte?

La búsqueda de un tesoro en la playa es la manera en que Elizabeth y Charles aprenden acerca de los animales y las plantas que la habitan. ¿Qué son las cosas que Elizabeth y Charles aprendieron?

Elisabeth la buscatesoros

por Felice Holman

La mamá de Elisabeth empacó un «tesoro» en una caja de lata para que Elisabeth pudiera ser una buscatesoros. El padre de Elisabeth fue a enterrar el tesoro en la playa, y le dio a Elisabeth algunas claves para ayudarle a encontrarlo. Cuando Elisabeth y su padre fueron a la playa, ellos encontraron al profesor Eckleberry y a su nieto, Charles. Ellos le pidieron al profesor que enterrara el tesoro y que les diera una pista para encontrarlo. Charles decidió que quería ayudarles a buscar el tesoro.

—Veamos la pista— dijo el papá.

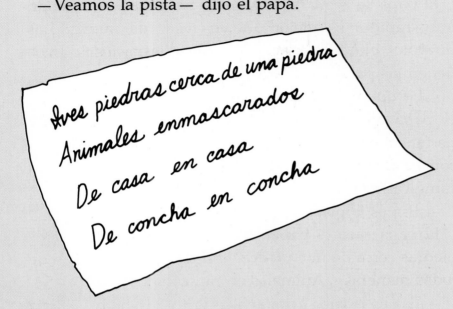

Aves piedras cerca de una piedra
Animales enmascarados
De casa en casa
De concha en concha

—Eso quiere decir que encontramos una cosa u otra, en o cerca de algo, que está cerca de tres piedras que están cerca de una piedra— dijo el papá.

Fueron caminando y de pronto Elisabeth dijo:

—¡Aquí hay tres piedras grandes a la orilla del agua!

Y Charles dijo: —Aquí hay una piedra sola un poco retirada de la playa.

Elisabeth y Charles corrieron hacia la orilla del agua. Las piedras parecían montañas alrededor de un charco pequeño de agua.

—Está lleno de caracoles— dijo Elisabeth —y están caminando muy rápido.

El papá se acercó al charco. —Sí, andan caminando muy rápido, es mejor que los veas de nuevo. Los caracoles que yo conozco son muy despaciosos. Ellos tienen las patas muy largas, dijo Charles.

—Lo que encontraste fue una jaiba ermitaña— dijo el papá agachándose a ver el charco. —Su concha perteneció alguna vez a una caracol. La jaiba no tiene concha propia. Pide prestada una del caracol y la usa como casa.

—¡Esa es la pista!— gritó Charles.

El papá sacó el papel de su bolsa. Lo leyó: —Tres piedras cerca de una piedra. —Bueno, eso está bien de todas maneras. ¿Animales en mascarados?

—¡Esa es la jaiba ermitaña!— gritó Elisabeth. —¡Está vestida como un caracol!

—¡Mira eso!— gritó Elisabeth. Hay un pedazo de papel en el charco, medio escondido dentro del caracol.

Charles se acercó al charco por para tomar el papel. Carlos le dio el pedazo de papel mojado al papá.

El papá frunció el seño: —Dice:

> Tres pasos
>
> Para rasurar las caras de los hombres

—Dice trece pasos. Vamos a caminar y a contar los pasos— dijo el papá.

Carlos dio los pasos más largos que pudo y contó trece. Elisabeth no llegó tan lejos. Los pasos del papá lo llevaron más lejos porque él tenía las piernas más largas.

—Muy bien, ahora— dijo el papá, vamos a buscar y a ver qué cosas rasuran las caras de los hombres.

Formaron su línea de nuevo y caminaron con la cabeza baja viendo cuidadosamente la arena mojada.

—Ya viene la marea— dijo el papá. —Nos tenemos que apurar. Charles, tu abuelo dijo que las pistas sólo servirían por una hora.

—Mira esta curiosa y filosa concha que sale de la arena— dijo Carlos.

—Aquí hay otra— dijo Elisabeth.

—A estas almejas las llaman almejas navajas. ¿Ven este caracol vacío?, parece una vieja navaja de afeitar— dijo el papá.

—¡Navajas!— dijo Elisabeth.

—Exactamente— dijo el papá. —¡Trece pasos para rasurar las caras de los hombres! ¡Vean! Estaba al voltear este caracol de la almeja navaja y ahí . . . , ¿ven lo que veo?

—¡Es otra pista!— gritó Elisabeth.

El papá vio cuidadosamente la concha y leyó:

Plumitas te enseñarán el camino
De cuentas de blanco en rocas de gris

Charles comenzó a caminar. Le recordaba a Elisabeth al caminante de la cuerda floja de un circo, poniendo un pie en frente del otro y balanceándose con los brazos.

—¿Qué estás haciendo?— le preguntó.

—Estoy siguiendo los pasos— dijo. Elisabeth vio las huellas en la arena.

—Las gaviotas hicieron esas huellas— dijo el papá.

—Son unas huellas muy ligeras— dijo Elisabeth.

—¡Ligeras!— exclamó Charles. —¡*Plumas*! *Plumitas* te enseñarán el camino . . . dijo Elisabeth. Vamos a seguirlas.

Las huellas del ave los trajeron a la playa y al rompeolas de piedra. Charles y Elisabeth subieron a la piedra más cercana.

—¡Mira!— dijo Charles. —Las piedras están cubiertas con miles de colecitas blancas. ¡Ay! ¡Están filosas!

—Se ven como cuentecillas— dijo Elisabeth.

—¿Qué clase de cuentas?— preguntó el papá.

—Cuentas blancas— dijo Elisabeth.

—Cuentas de blanco— dijo el papá.

—Rocas de gris— añadió Charles.

—¡La pista!— gritó Elisabeth.

—¿Qué hacen las cuentas aquí en la roca?— preguntó Charles.

—Bueno— dijo el papá, aunque éstas parezcan cuentas, en realidad es un pequeño animal llamado balano. Muchos de ellos se pegan muy junto a un animalito pequeño que está esperando a que suba la marea.

—También hay moluseos balanos en esta cuerda— dijo Charles halando una cuerda que encontró en el agua.

—¡Papá!— gritó Elisabeth ¡Charles! Es nuestra caja de lata. ¡El tesoro está amarrado al final de esta cuerda!

—Quizás la marea lo cubrió— dijo Carlos.

—Vamos, déjame ayudarte— le dijo el papá.

Dentro de la caja todo estaba tan seco como podía esperarse y ahí estaba el tesoro; se veía muy bien. Había largos pedazos de oro, que parecían hermosos duraznos; pedazos de jade que parecían racimos de uvas brillando al sol, y joyas raras que parecían manzanas rojas, amarillas y verdes. La marea viene rápido, ahora. Sería mejor que nos saliéramos de las rocas, dijo el papá. Él los guió hacia la arena.

102

—Si nos comemos el tesoro que encontramos, no tendremos tesoro para llevar a casa— protestó Elisabeth.

Elisabeth miró hacia la playa y debajo de sus pies vio fluir el agua desde el mar hacia la playa. Ella miró los animalitos que la marea trajo y dejó sobre la arena.

—¿Sabes qué?— dijo Elisabeth. —La playa es la reina de los teoros, ¿no es así?

Comentarios sobre la selección

1. ¿Cómo aprenden Elisabeth y Charles acerca de las cosas que viven en la playa?

2. ¿Qué descubrimiento hace Elisabeth acerca de la playa?

3. ¿Qué hacen Elisabeth, Papá y Charles una vez que han encontrado su tesoro?

4. ¿Qué piensas de las claves?

5. ¿Cuándo supiste que la búsqueda del tesoro sería más divertida de lo que había pensado la mamá de Elisabeth?

Aplica tus conocimientos

Los autores escriben por diversas razones. Lee cada uno de los siguientes grupos de oraciones. Decide si fue escrito para informar o entretener.

1. La concha del cangrejo ermitaño una vez perteneció a un caracol. Él no tiene su propia concha, así que pide una prestada del caracol.

2. —Papá— gritó Elisabeth. —¡Charles! ¡Es nuestra caja de estaño! ¡Es el tesoro que viene amarrado al extremo de esta cuerda!

Organiza tus ideas

En Elisabeth, la buscatesoros, Elisabeth buscó un tesoro en la playa. A medida que Elisabeth y Charles seguían las claves del Profesor Eckeleberry al tesoro enterrado, descubrían otras cosas. ¿Se les podría llamar «tesoro» a estas cosas? ¿Por qué?

Redacta

Selecciona una de las siguientes actividades.

1. Escribe un párrafo relatando uno de los descubrimientos que Elisabeth y Charles hicieron durante la búsqueda del tesoro.
2. El tesoro enterrado que Elisabeth y Charles encontraron parecía de oro, de jade y de hermosas piedras preciosas. Escribe un párrafo que diga lo que era en realidad el tesoro y por qué Elisabeth y Charles lo vieron tan hermoso.

Revisa

Revisa tu trabajo cuidadosamente. ¿Estás seguro que el párrafo puede ser comprendido con claridad por el lector? Si se necesita hacer cambios, hazlos.

Hasta que vi el mar

por Lilian Moore

adaptación al español por Francisco Perea

No supe hasta que vi el mar,
que en esa forma increíble
la superficie del agua
el viento podía ondular.

Tampoco sabía que el Sol,
con ese rayo encendido
era capaz de astillar
el azul del mar bruñido.

Jamás había visto un mar
que abrumado de fatiga,
a las playas acudiera,
sus pulmones a llenar.

El diccionario

Un diccionario es un instrumento útil para hallar el significado de una palabra. También es útil para aprender a deletrear y a pronunciar correctamente. Un diccionario, así como una guía telefónica y una enciclopedia, está ordenado alfabéticamente.

Tres partes importantes en un diccionario son:

1. La palabra de entrada
2. Las palabras que encabezan las páginas
3. Las claves de pronunciación

Ediciones Larousse, PEQUEÑO LAROUSSE ILUSTRADO

La palabra de entrada

En la página de muestra busca las palabras *vela*, *velada* y *veladura*. Estas y todas las palabras que aparecen en negritas son palabras de entrada.

El encabezamiento de cada página

En algunos diccionarios encontrarás una palabra o letras guías que te indicarán qué orden alfabético abarca cada página.

La pronunciación

En diccionarios extranjeros y bilingües encontrarás una clave fonética para la pronunciación. Esta clave contiene los fonemas que representan los sonidos. En muchos diccionarios encontrarás una forma abreviada de esta clave al pie de la página. Siempre encontrarás la clave completa al principio del diccionario.

El uso de los encabezamientos y de las palabras de entrada

Las letras **VEL** en la página de muestra son el encabezamiento de la página. Éstas te indican el orden alfabético con que empiezan las palabras en la página. Supón que quieres encontrar las siguientes palabras:

vela, vena, velador

Las palabras *vela* y *velador* se encontrarían en la misma página. La palabra *vena* no se encontraría porque si seguimos el orden alfabético, viene después de *velarte*, la cual es la última palabra de entrada en esta página de muestra.

Los encabezamientos forman una parte importante de la página del diccionario. Teniendo presente el orden alfabético y utilizando los encabezamientos encontrarás las palabras de entrada con más facilidad que si leyeras cada una de las palabras de entrada.

Algunos diccionarios indican cada definición por medio de números, de signos de puntuación o de barras. Nuestra página de muestra utiliza las barras. Fíjate en la palabra de estrada *visor* en la siguiente página. Nota que está impresa en negritas. Lee las 3 definiciones de *visor*. En este ejemplo las barras te indican que *visor* tiene tres significados. ¿Cuál de los significados está de acuerdo con la manera en que *visor* se usa en la oración que aparece bajo el significado de *visor*? Explica por qué.

VISOR m. Lente que en las máquinas fotográficas y cinematográficas sirve para centrar la imagen. ‖ Telescopio astronómico auxiliar. ‖ Dispositivo en las armas de fuego.

El científico utilizó el visor para localizar al cometa.

La segunda acepción aplica mejor al significado de la palabra visor en la oración, que en este caso quiere decir telescopio astronómico auxiliar que usan los científicos.

Lee las siguientes palabras y sus definiciones. Después lee la oración que aparece bajo cada una. Decide cual definición queda mejor con el significado de la palabra como aparece en la oración.

INSTRUMENTO m. (lat. *instrumenum*). Máquina, herramienta que sirve para producir cierto trabajo: *instrumentos de labranza*. (SINÓN. *Apero, utensilio, útil.*) ‖ Aparato para producir sonidos musicales: *instrumento de cuerda, de viento, de percusión*. Escritura con que se prueba una cosa: *instrumento quténtico*.

El conjunto musical usa un carrito para llevar sus instrumentos.

FLORERO, RA adj. *Fig*. Aficionado a floreos. ‖ —M. y f. Persona que vende flores. ‖ —M. Vaso para flores naturales o artificiales: *un florero de cristal*.

En el florero habían orquídeas hermosas.

Acuérdate de utilizar los encabezamientos para encontrar una palabra más rápido. Una vez que encontraste la palabra que buscabas, lee todos sus significados. Prueba cada definición comparándola con el significado de la palabra en la oración. Ahora decide cuál aplica mejor al sentido de la oración.

111

Jimmy y otros niños están en una nave espacial. ¿Qué es lo que Jimmy espera ver cuando mira hacia afuera a través de la ventanilla?

En el espacio
por George Zembrowski

—¿Qué vamos a hacer?— preguntó el hermano de Jimmy. Estaban esperando que Jimmy tuviera un plan, o se quedarían para siempre flotando en el espacio.

Jimmy Wilson sabía que su hermano Billy y los otros seis niños tenían miedo. De repente se sintió mucho mayor que todos ellos. Ellos no llegaban a los diez años de edad. Él iba a cumplir trece años. Eso es, si llegaba a vivir hasta el 24 de febrero del año 2095. Muy adentro, Jimmy no se sentía mayor que los otros. Solamente que así parecía ahora, mientras les miraba las caras.

Alejándose de Billy y de los otros, Jimmy recordó todo lo que había pasado. Se acordó del magnífico verano que pasó en Lea, el planeta que se parece a la tierra. Luego se acordó cómo se había metido en la gran línea espacial y había salido en su viaje de regreso a la tierra. Jimmy había estado en la cubierta de la nave cuando todo comenzó. El capitán les dijo que los motores de la nave estaban fuera de control y no se podían arreglar. También dijo el capitán que los motores podían explotar antes de que llegaran a la tierra.

Después Jimmy se acordó de cómo uno de los oficiales de la nave lo había puesto a él, a Billy y a los otros en uno de las naves salvavidas. Antes de que el oficial pudiera entrar, se cerró la puerta. Luego se prendieron los motores y la nave salvavidas salió de la nave. Jimmy y los otros habían sido arrastrados en dirección opuesta a la nave. Y de repente la nave explotó.

—¿Qué vamos a hacer?— preguntó de nuevo Billy
Wilson. Jimmy volteó y se quedó mirando a su
hermano. No dijo nada. Parado con la espalda contra el
tablero de control, miró alrededor del pequeño cuarto.
En las paredes de metal gris habían dos troneras hechas
de grueso plástico. Jimmy vió a través de la que estaba
a su derecha. Las estrellas se veían frías.

Había ocho niños en total. Aparte de Billy y de él,
estaban Tammy Jones y su hermano Jack; un niño
llamado Frankie; Patty y Sammy Gold; y el más joven,
Albert Cohen.

—¡Quietos todos ustedes!— dijo Jimmy de repente.
Voy a revisar los controles, así es que quietos.

Jimmy se dió la vuelta y se sentó en la silla de
control. Todas las luces del tablero estaban prendidas
—menos una. El pequeño letrero de abajo decía: *Luz de
rescate de emergencia. Cuando la luz cambie a verde,
usted está cerca de una nave de rescate. Apriete el
botón de señal de regreso.* Así es cómo Jimmy sabría
que la ayuda estaba cerca.

Luego, Jimmy vio un botón con la palabra *Pantalla*
escrita abajo. Apretó el botón y se encendió la pantalla,
enseñando un dibujo del espacio. Jimmy no pudo
entender los otros botones. «Si sólo estuviera aquí el
oficial de la nave», pensó Jimmy. «El sabría qué hacer».

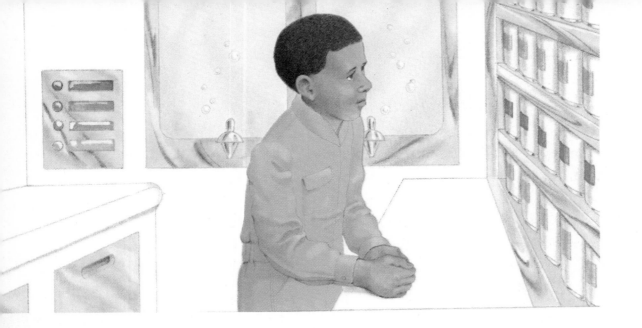

Mientras Jimmy se levantaba de la silla de control, pensó en el abastecimiento de comida. ¿Cuánta comida había? se preguntó. Despacio, comenzó a caminar hacia la parte de atrás del cuarto de control. Abrió la puerta de la cocina de la nave. Encontró docenas de latas de comida y muchos tanques grandes llenos de agua para tomar. Jimmy no sabía cuánto tiempo les duraría el agua y la comida.

El pequeño cuarto de control tenía cuatro catres que se abrían desde la pared. Los siete pasajeros de Jimmy se acostaron a dormir en los catres. Jimmy los vió desde la silla de control, donde él iba a dormir.

—Pronto, —se dijo —sus padres se preguntarán qué les pasó. Bueno, yo soy el mayor y los cuidaré.

Al día siguiente, Jimmy fue a la cocina a traer comida. Billy lo siguió. —¿Qué nos va a pasar, Jimmy?— le preguntó.

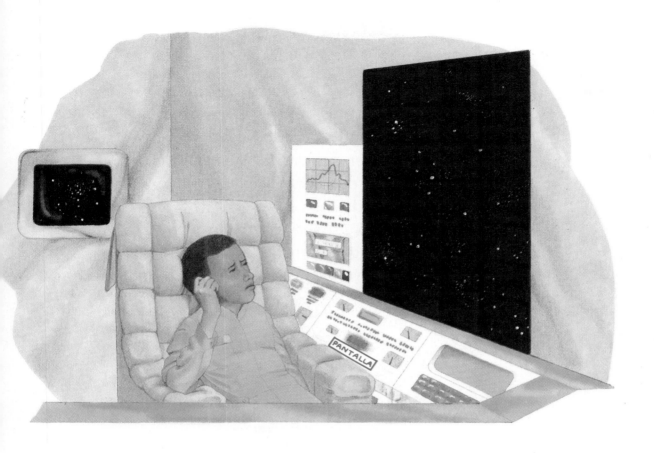

—Espera Billy, no me preguntes ahora.

Al sexto día después de la destrucción de la nave, Jimmy trató de no demostrar que tenía miedo. La comida se estaba acabando más rápidamente de lo que él pensó. Todavía había bastante agua. En nueve o diez días se acabaría la comida. ¿Qué vamos a hacer entonces? pensó Jimmy. ¿Qué les diré a los otros?

Jimmy siguió observando la luz de rescate de emergencia, esperando que se prendiera. Nunca lo hizo. Siempre estaba apagada. Cuando Jimmy miró la pantalla, se dio cuenta que las estrellas no habían cambiado de lugar.

En el día número trece, Jimmy se despertó suavemente. Los otros ya estaban despiertos, pero seguían acostados en sus catres. Hacía mucho tiempo que habían dejado de jugar. Mientras unos lloraban, otros estaban silenciosos.

Jimmy se levantó y se fue a la cocina a comer algo. Cuando vio que nada más había comida para tres días, pensó que sería mejor que dejara de comer. El era más grande y más fuerte que los otros. Ellos necesitaban la comida más que él.

Jimmy les dió a todos algo que comer. Nadie se dió cuenta que él no comió nada.

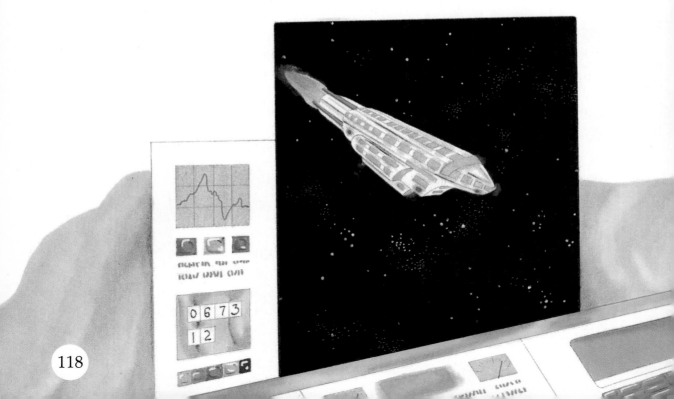

Cuando la nave salvavidas había estado en el espacio por diez y siete días, los ocho niños se encontraban hambrientos y débiles. Ya no había más comida. Ni siquiera una lata de comida. Cuando unos lloraban, Jimmy se acordó qué feliz había sido durante sus vacaciones en Lea. Entonces todos reían. Se había acabado todo, como si nunca hubiera ocurrido.

Con lágrimas en los ojos, Jimmy vió la pantalla. Nada había cambiado. Nadie vendría por ellos desde la oscuridad, pensó Jimmy. «Hay muchas estrellas para que nosotros nos perdamos».

De repente, Jimmy creyó que la luz verde se prendió. ¡Haz algo Jimmy! le gritó Billy. Jimmy se dobló hacia adelante y apretó el botón. Mientras veía la pantalla, esperando ver la nave de rescate, le pareció que las estrellas lo miraban amistosas. Jimmy miró la pantalla. Allí estaba la nave de rescate. Pronto todo estará bien.

1. ¿Qué esperaba ver Jimmy cuando miró afuera de la ventanilla? ¿a la pantalla?
2. ¿Cuáles fueron algunos de los problemas que tuvieron los niños en la nave salvavidas?
3. ¿Cómo supo Jimmy que el barco de rescate iba llegando?
4. ¿Piensas que Jimmy debió sentir que él tenía que cuidar a los otros niños? ¿Por qué?
5. ¿Cuándo supiste que los niños estaban por su cuenta en la nave salvavidas?

Aplica tus conocimientos

Abajo hay seis palabras que aparecen en la historia. Pon las palabras en orden alfabético como si fueran palabras de una página del diccionario.

corriente   control   emergencia
cubierta   explotar   docenas

¿Cuáles serían las palabras guías en esta página?

Organiza tus ideas

Piensa acerca de la aventura espacial que acabas de leer. ¿Sería este el tipo de aventuras de que tú disfrutarías? ¿Por qué, o por qué no? Imagínate tú mismo en una aventura espacial. ¿Qué podría pasar?

Redacta

Selecciona una de las siguientes actividades:

1. Imagina que tú has sido nombrado capitán de una nave espacial. Escribe una historia corta y habla acerca de una aventura en el espacio. También puedes describir tu nave espacial. Recuerda darle nombre a tu historia.
2. Piensa cómo se parecen una nave del océano y una nave espacial. ¿Cómo son diferentes? Escribe un párrafo que diga dos cosas en que se parecen y dos cosas en que son diferentes.

Revisa

Lee lo que has escrito. Asegúrate que la información que has dado es suficiente para hacer que tu trabajo sea de interés a la persona que lo está leyendo. Si necesitas cambios, házlos.

Las claves en el contexto

Los astronautas tienen un trabajo muy emocionante; ellos son viajeros del espacio.

Vuelve a leer esta oración. ¿Qué quiere decir la palabra *astronautas*? Si no entendieras el significado de *astronautas*, ¿qué palabras en la oración te ayudarían a descubrirlo?

Fíjate en las palabras *viajeros del espacio* en la oración. Estas palabras te ayudan a saber que astronautas son las personas que viajan en el espacio. El contexto, o sea, las demás palabras en la oración, te dieron la clave para descubrir el significado de *astronautas*.

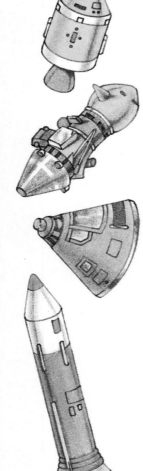

Las claves en el contexto pueden estar en la misma oración en que aparece la palabra que no conoces, o también pueden estar en otras oraciones. Lee las siguientes oraciones.

María visitó un museo del espacio con su clase y vio muchos tipos de naves espaciales. Lo que más le gustó fue la exposición de cohetes.

Si no conoces el significado de *naves espaciales*, otras palabras pueden ayudarte. Las palabras *museo del espacio*, te indican que los cohetes están en un museo que colecciona artefactos del espacio. Las palabras *muchos tipos de naves espaciales* te indican que los cohetes son un tipo de nave espacial.

A veces te dan la definición de la palabra que no conoces en la misma oración. Las palabras, tales como *es*, *significa*, *significó*, *se llama* y *o*, frecuentemente son indicaciones de que se definirá la palabra. Lee las siguientes oraciones. ¿Qué significa *astronomía*? ¿Cómo lo descubriste?

- Astronomía es el estudio de las estrellas, los planetas y otros cuerpos celestiales.

- Astronomía significa «el estudio de las estrellas, los planetas y otros cuerpos celestiales».

- El estudio de las estrellas, los planetas y otros cuerpos celestiales, lo que se llama astronomía, es de gran interés para él.

- El estudio de las estrellas, los planetas y otros cuerpos celestiales, o astronomía, es de gran interés para ella.

Cada oración contiene la definición de la astronomía. Las palabras *es*, *significa*, *se llama* y *o* son claves que te indican que el contexto de la oración contiene la definición.

Libros de texto en el aprendizaje: El uso de claves en el contexto en las ciencias

Muchas de las palabras en un libro de texto de ciencias son definidas o explicadas en el contexto. Lee el siguiente artículo de un libro de texto de ciencia. Usa las notas al costado de la página como ayuda.

Éstas dos oraciones te ayudan a entender lo que son los planetas.

El contexto de esta oración define el *Sistema Solar*.

¿Cuál es el significado de la palabra *órbita*? ¿Qué palabra señala su significado?

Estás en una nave espacial, muy lejos en el espacio. A la distancia ves al Sol que brilla con un resplandor amarillo. *Cerca del Sol hay nueve cuerpos en el espacio; éstos se llaman planetas.* Estos planetas circundan al Sol. Al mismo tiempo dan vueltas como trompos. *El Sol y los planetas integran nuestro sistema solar.*

Cada planeta que ves está dando vuelta alrededor del Sol. Cada uno se mueve en su trayectoria llamada *órbita*. Algunos de los planetas se mueven velozmente. Otros viajan lentamente. Ellos se demoran mucho tiempo para completar una vuelta en su órbita alrededor del Sol. Nuestro viaje comienza ahora. Nuestra nave viajará a través del sistema solar.

—*HBJ Science*, Harcourt Brace Jovanovich

Lee el siguiente párrafo. Usa las claves en el contexto para descubrir el significado de las palabras *astronomía, telescopio, satélites y cometas*. Fíjate, que en algunos casos, te han dado palabras que son señales para localizar las claves en el contexto.

Una persona que estudia los cuerpos celestes durante la noche es un atrónomo. Un astrónomo usa un telescopio para poder ver muy lejos a través del espacio. Este instrumento hace que las estrellas y los planetas lejanos se vean más grandes. Algunos planetas tienen satélites o lunas que giran alrededor de ellos. A veces se pueden ver cuerpos congelados de polvo que se llaman cometas.

¿Notaste que te dieron pistas para ayudarte a descubrir el significado de las palabras *astrónomo, satélite* y *cometas*? ¿Notaste que no te dieron ninguna pista para descifrar el significado de *telescopio*? El contexto de la segunda y tercera oración te ayudaron a descubrir el significado de *telescopio*. Las claves en estas oraciones son *ver muy lejos a través del espacio* e *instrumento que hace que las estrellas y los planetas lejanos se vean más grandes*.

Mientras lees y te encuentras con una palabra de significado desconocido, acuérdate de buscar las claves en el contexto. Recuerda que estas claves pueden estar en la misma oración en la que encontraste la palabra desconocida, o bien, pueden estar en otras oraciones que vengan antes o después de la palabra.

¿Quién es Galileo Galilei? ¿Por qué se le recuerda hasta el día de hoy?

Galileo

por Arthur S. Gregor

Desde que Galileo Galilei era pequeño, le fascinaban las estrellas y meditaba mucho tiempo acerca de ellas. Ni su mismo padre podía contestar todas sus preguntas. Su padre era quien le permitá dormir hasta tarde para que así pudiera estudiar el cielo lleno de miles de estrellas.

—¿De qué están hechas?— preguntaba Galileo.

—¿De dónde vienen? ¿Es que acaso desaparecerán?

Su padre reía al decirle —Siempre haciendo preguntas ¿verdad? Cuando seas estudiante, leerás los libros de aquéllos que son sabios. Allí encontrarás algunas de las respuestas.

Galileo era muy buen estudiante en la escuela. Cuando tenía diecisiete años, se fue de Florencia, Italia, a la ciudad de Pisa a estudiar medicina. A Galileo le gustaba preguntar mucho acerca de todo lo que le rodeaba. Pronto descubrió que no quería ser médico sino científico.

La mente de Galileo brincaba de pensar en la Tierra a pensar sobre la Luna, el Sol, las estrellas y los planetas. Galileo se convirtió en el padre de las ciencias del espacio cuando comprobó que los objetos en el espacio se movían porque no había nada que se les interpusiera en su camino. Hoy en día, este descubrimiento se utiliza cuando un satélite se pone en órbita en el espacio.

En 1604, una nueva estrella fue descubierta en el espacio. Brillaba con un fulgor amarillo, morado, rojo y blanco. Era tan brillante que podía verse durante el día. La estrella brilló por un año y medio y entonces se desvaneció hasta que desapareció. Mientras ardía en grandes llamaradas la gente se maravillaba. —Una nueva estrella es algo imposible— la gente le decía a Galileo.

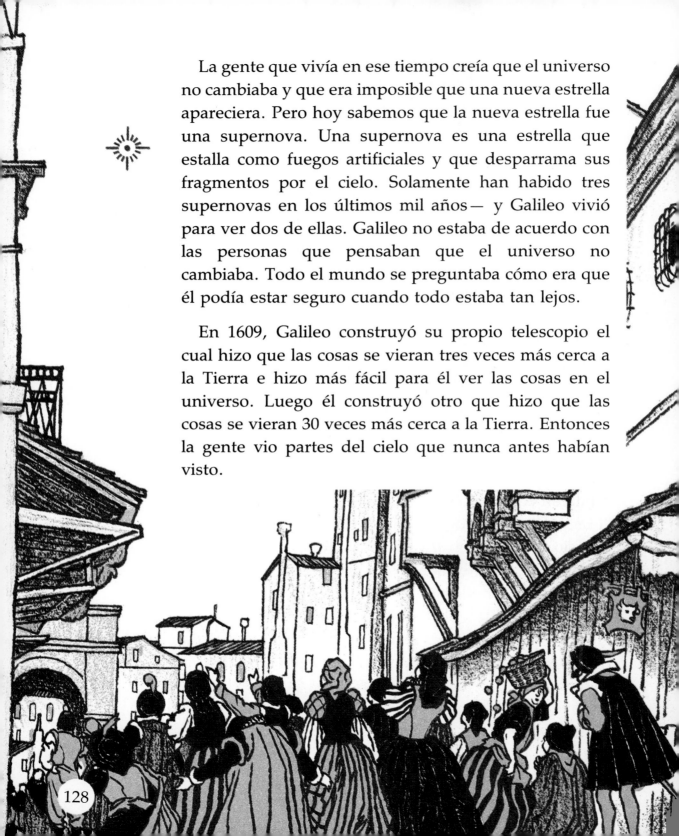

La gente que vivía en ese tiempo creía que el universo no cambiaba y que era imposible que una nueva estrella apareciera. Pero hoy sabemos que la nueva estrella fue una supernova. Una supernova es una estrella que estalla como fuegos artificiales y que desparrama sus fragmentos por el cielo. Solamente han habido tres supernovas en los últimos mil años— y Galileo vivió para ver dos de ellas. Galileo no estaba de acuerdo con las personas que pensaban que el universo no cambiaba. Todo el mundo se preguntaba cómo era que él podía estar seguro cuando todo estaba tan lejos.

En 1609, Galileo construyó su propio telescopio el cual hizo que las cosas se vieran tres veces más cerca a la Tierra e hizo más fácil para él ver las cosas en el universo. Luego él construyó otro que hizo que las cosas se vieran 30 veces más cerca a la Tierra. Entonces la gente vio partes del cielo que nunca antes habían visto.

Con el nuevo telescopio, Galileo descubrió muchas cosas. Descubrió que la Via Láctea no era una nube, sino una gran aglomeración de estrellas. Vio que la Luna no estaba perfectamente lisa y redonda. También descubrió que habían lunas que giraban en torno a Júpiter, así como nuestra luna gira en torno a nuestra Tierra.

Galileo sabía que su trabajo era tan sólo el principio. Él sabía que un día otros explorarían lo que restaba del universo. Galileo tuvo gran razón. Hay astronautas que estudian el espacio utilizando los descubrimientos de Galileo. Los astronautes que también planean viajes a la Luna dependen del primer gran científico de los tiempos modernos — Galileo Galilei.

Comentarios sobre la selección

1. ¿Qué hizo Galileo para hacerse famoso?
2. ¿Por qué es tan importante aprender sobre Galileo?
3. ¿Cómo es que el descubrimiento de Galileo— de que las cosas se mueven en el espacio— nos ayuda hoy en día?
4. ¿Qué piensas acerca de los descubrimientos de Galileo?
5. ¿Cómo supiste que Galileo fue capaz de probar que el universo cambia?

Aplica tus conocimientos

Las palabras guías están en la parte superior de la página de un diccionario. Las palabras de entrada en una página están en orden alfabético entre dos palabras guías. De las palabras guías y las palabras de entrada abajo, selecciona una palabra de entrada que vaya entre un par de palabras guías.

1. Palabras guías: seguridad ——— super nova
   Palabras de entrada: semana *o* satélite
2. Palabras guías: manzana ——— mariposa
   Palabras de entrada: marinero *o* metáfora

Organiza tus ideas

Las palabras abajo son de la historia «Galileo». Piensa en lo que cada palabra significa.

científico   universo
satélite   telescopio

Redacta

Selecciona una de las palabras de la lista que se encuentra arriba. Escribe dos oraciones que usen claves del contexto para definir la palabra. Recuerda, *claves del contexto* son palabras en una oración o en un párrafo que ayudan a entender el significado de otra palabra. Por ejemplo, la palabra *supernova* está definida en la selección así:

Una supernova es una estrella que estalla como fuegos artificiales, esparciendo sus fragmentos por el cielo.

Revisa

Comprueba tu trabajo para asegurarte que has definido correctamente la palabra que seleccionaste. Usa un diccionario si no estás seguro de la definición. Haz los cambios que sean necesarios.

Mi estrella

por Marion Kennedy

adaptación al español por Francisco Perea

En un oscuro cielo
donde brillan mil estrellas,
negro de terciopelo,
voy a escoger una de ellas.

Pienso que la estrella es mía
me gusta su parpadear.
Sonreírme parecía, o . . .
mejor, un ojo cerrar.

Acurrucado en mi cama,
noche a noche veo brillar,
la estrella que parpadeando
las buenas noches me da.

El gigante egoísta aprende que debe compartir lo que él tiene con los demás. ¿Cómo es que el gigante aprende ésto?

El gigante egoísta

por Oscar Wilde

Todas las tardes, cuando llegaban de la escuela, los niños iban a jugar en el jardín del gigante.

Era un jardín grande, con pasto verde y suave. Aquí y allá entre el pasto se veían hermosas flores. Había doce árboles de durazno que en la primavera les brotaban delicadas florecitas de colores rosa y blanco. En el otoño el jardín estaba lleno de frutas. Los pájaros se paraban a cantar en los árboles y los niños paraban de jugar para escucharlos.

«¡Qué felices somos aquí!», se decían los unos a los otros.

    Un día regresó el gigante. Había estado visitando a
su amigo y se había quedado siete años con él.
Después de siete años, le dijo todo lo que le tenía que
decir a su amigo. Quería regresar a su propio castillo.
Cuando llegó vio a los niños jugando en el jardín.

    —¿Qué están haciendo aquí?— les gritó muy
enojado, y los niños salieron corriendo.

    —Es mi jardín, mi propio jardín— dijo el gigante.
Cualquiera puede entender eso. No dejaré que nadie
juegue en él mas que yo. Así es que construyó un
muro muy alto alrededor y puso un letrero
diciéndoles a los niños que no traspasaran su jardín.
Ahora los pobres niños no tenían en dónde jugar.

Llegó la primavera y todo alrededor tenía capullos de flores y pajaritos. Solamente en el jardín del gigante egoísta, seguía siendo invierno. Los pájaros no querian cantar y a los árboles se les olvidó florecer.

Las únicas personas que estaban a gusto eran la Nieve y la Escarcha. —La primavera ha olvidado este jardín— decían. Viviremos aquí todo el año. La Nieve cubría el pasto con su gran capa blanca y la Escarcha pintaba todos los árboles plateados. Luego llegó el Viento del Norte a quedarse.

El Granizo llegó después. Todos los día por tres horas apedreaba el techo del castillo hasta que quebró la mayoría de las tejas. El granizo estaba vestido de gris y su aliento era como hielo.

—No puedo entender por qué se tarda tanto en llegar la primavera— dijo el gigante egoísta, cuando se sentaba en la ventana viendo su jardín blanco y frío.

—Espero que el tiempo cambie.

La primavera nunca llegó y el verano nunca llegó. El otoño trajo doradas frutas a todos los jardines menos al del gigante. —Es muy egoísta— dijo el otoño. Así es que siempre era invierno allí y el Viento del Norte y el Granizo y la Escarcha y la Nieve bailaron entre los árboles.

Una mañana el gigante estaba despierto acostado
en su cama cuando oyó una música muy bonita. Era
un pajarito cantando afuera de su ventana. Hacía
tanto tiempo que no oía cantar a un pájaro en su
jardín que le pareció la música más linda del mundo.
Y el Granizo dejó de bailar y el Viento del Norte dejó
de rugir. — Creo que la primavera por fin ha
llegado— dijo el gigante. Saltó de la cama y miró por
la ventana.

¿Qué fue lo que vió?

Vió una cosa hermosa. A través de un agujerito en la pared, los niños se habían metido y estaban sentados en las ramas de los árboles. En cada árbol a la vista, había un niño. Los árboles estaban tan contentos de tener los niños de nuevo que se habían cubierto de capullos de flor. Movían sus ramas suavemente sobre las cabezas de los niños. Los pajaritos volaban y cantaban con gusto. Las flores comenzaron a sonreír y a brotar entre el verde pasto.

Era un cuadro muy bonito, solamente en una esquina seguía el invierno. Era la esquina más lejana del jardín, y en ella estaba parado un niño. Era tan pequeño que no podía alcanzar las ramas del árbol. Estaba llorando. El pobre árbol seguía cubierto de escarcha y nieve y el Viento del Norte estaba soplando y rugiendo encima de él. —¡Súbete! niño— dijo el árbol y dobló sus ramas tan bajas como pudo. El niño era muy pequeño.

El corazón del gigante se le derritió cuando miró hacia afuera —¡Qué egoísta he sido!— dijo. Ahora sé por qué no ha llegado aquí la primavera. Voy a subir al pobre niño al árbol y después voy a tumbar el muro. Mi jardín será el jardín de los niños para siempre. En realidad estaba muy avergonzado de lo que había hecho.

Bajó las escaleras y abrió la puerta de enfrente muy despacio y se fue hacia el jardín. El gigante subió al niño al árbol. Inmediatamente, el árbol floreció y los pájaros llegaron y cantaron.

—El jardín es de ustedes, niños— dijo el gigante. Agarró una gran hacha y tumbó el muro. Cuando la gente iba al mercado a las doce, encontraron al gigante jugando con los niños en el jardín más lindo que jamás hubieran visto.

139

1. ¿Cómo aprendió el Gigante que debería compartir con los demás?
2. ¿Por qué el jardín del Gigante comenzó a florecer de nuevo?
3. ¿Por qué el Gigante tumbó la pared de su jardín?
4. ¿Qué pensaste tú que pasó cuando el Gigante escuchó el canto del pájaro?
5. ¿Cuándo te diste cuenta que el Gigante cometió un error al construir el muro?

Aplica tus conocimientos

Las secuencias nos ayudan a entender una historia. Cuando leemos necesitamos saber lo que pasa primero y lo que pasa después. El autor usa palabras, tales como *entonces un día, finalmente, siete años después,* y *los siguiente* para ayudarnos a comprender la secuencia.

En las páginas 135 y 136 de la historia, encuentra ejemplos de claves temporales que el autor usa para decirnos cuando las cosas suceden. Busca cinco ejemplos.

Organiza tus ideas

Personificación es hacer que una cosa se parezca a una persona y que pueda hacer las cosas que hacen las personas. Los siguientes ejemplos de personificación son de la historia: Nieve cubre el pasto con su gran manto blanco y Escarcha pintó todos los árboles plateados.

Redacta

Selecciona una de las siguientes actividades:

1. Busca ejemplos de personificación en la historia. Anota dos ejemplos y di qué características les dio el autor para que parezcan personas.
2. Inventa dos ejemplos de personificación y escríbelos. Habla de la característica que le diste a cada cosa para que se pareciera a una persona.

Revisa

Lee lo que has escrito. Haz los cambios que sean necesarios.

Mi papá es algo especial

por Lois Osborn

Ron es un niño nuevo en mi clase. Me cae muy bien pero a veces me hace enojar.

Un día les enseñé a los niños en la escuela un libro que había escrito mi papá. Y Ron tuvo que decir: —Eso no es nada, Jorge. Tienes que ver lo que puede hacer mi papá. Puede romper un directorio telefónico solamente con las manos.

Cuando llegué a casa, le dí el directorio telefónico a mi papá. Le dije lo que podía hacer el papá de Ron.

—¿Lo puedes hacer tú?— le pregunté.

Movió la cabeza. —No soy un hombre tan fuerte— me dijo. Alcé el directorio telefónico. Cuando menos pudo haber tratado de hacerlo.

Luego me acordé que una vez mi mamá y yo vimos a mi papá subirse en una escalera muy alta, subirse al techo, colgarse de la chimenea y estirarse para rescatar mi gato. Quizás mi papá no sea muy fuerte, pero estoy seguro de que sí es valiente. Le dije todo eso a Ron.

—Eso no es nada, Jorge— dijo Ron. Mi papá peleó en la guerra. Tiene una caja llena de medallas que se ganó por su heroísmo.

Después de la escuela, ví cómo mi papá arregló mi bicicleta. Vi todas las llaves que tenía en su caja de herramientas. Deseaba que fueran medallas.

—¿Por qué nunca peleaste en la guerra?— le pregunté a mi papá.

—Pie plano y mal de la vista— me dijo. No les servía. Tuve suerte.

—¿Suerte?— le grité. Tú pudiste haber ganado muchas medallas como el papá de Ron.

—¿El papá de Ron?— dijo mi papá. Yo me acuerdo de él. El hombre que rompe directorios telefónicos. Así es que él ganó medallas, ¿verdad?

—Por su heroísmo— le expliqué.

—Bueno, me alegro por él— dijo mi papá, cerrando su caja de herramientas.

Después, mi papá y yo terminamos de armar el avioncito en que tabajábamos. Deseaba enseñárselo a Ron.

—¿Viste lo que hicimos mi papá y yo?— le dije. Te apuesto que tu papá nunca ha hecho nada como esto.

—Eso no es nada, Jorge— contestó Ron. Mi papá no pierde el tiempo con aviones de juguetes. Vuela aviones de verdad. De los que despegan y aterrizan en un portaaviones. ¡Eso sí es peligroso!

Tan pronto como llegué a casa, le pregunté a mi papá si le gustaría ser piloto.

—No me importa mucho el volar— me dijo.

—¿Por qué no?— le pregunté.

—Bueno, digamos que me siento mejor cuando salgo de un avión que cuando entro.

Hubiera deseado que no dijera eso. Comencé a marcharme.

—Espera un momento— me dijo mi papá. —¿Es el papá de Ron un piloto aviador?

—Oh no— le dije. —Vuela aviones de combate desde un porta aviones para la Marina.

—Con razón— oí murmurar a mi papá.

La siguiente tarde teníamos fiesta para todas las familias en la escuela. Mi papá y mi mamá fueron a ver mi trabajo y a platicar con mi maestra.

—¿Está aquí el padre de Ron?— le preguntó mi papá a ella. —Harry George me dice que es un hombre de muchos talentos. Me gustaría conocerlo.

Mi maestra me miró con sorpresa.

—Usted estará pensando en otra persona— le dijo. El padre de Ron murió hace varios años.

Caminé a casa como un robot. No podía hablar ni pensar. —¿Por qué me hizo eso Ron?— me preguntaba. Somos amigos. ¿Por qué tuvo que decirme mentiras?

—Quizás no le parecieron mentiras a Ron— dijo mi papá.

—Todo eso de romper directorios telefónicos,— dije, las medallas y el volar aviones. ¡Puras mentiras! Yo le creí. Nunca podremos ser amigos de nuevo. ¡Nunca!

Volteé la espalda y salí de la cocina. Me puse a pensar cómo sería si tuviera que inventar un padre en vez de tener uno verdadero como el mío. Me alegro que mi papá sea real.

A la mañana siguiente le dije a mi papá que quizás sería amigo de Ron, a pesar de todo. Así fue como los tres comenzamos a hacer cosas juntos.

Durante el recreo de hoy, oí a Ron decirle a unos niños: —El papá de Harry George nos llevó a pescar. Sabe diez maneras diferentes de hacer aviones de papel. El papá de Harry George es especial.

Sí, así es mi papá, de veras. ¡Él es algo especial!

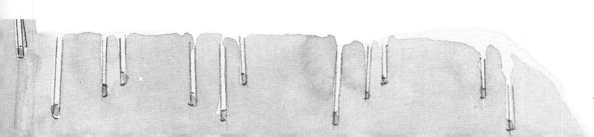

1. ¿Qué aprendió Jorge sobre su papá?
2. ¿Por qué alardeó Ron de su papá?
3. ¿De quién alardeó Ron al final de la historia?
4. ¿Cambiaron tus sentimientos acerca de Ron cuando leíste la historia? ¿Por qué?
5. ¿Cuándo supiste que Jorge pensaba que su papá era algo especial?

Aplica tus conocimientos

Cuando leemos una historia, aprendemos sobre los personajes. Abajo se encuentran ciertas características del papá de Ron y del papá de Jorge. Decide a qué hombre describe cada característica.

1. tiene pies planos y visión defectuosa
2. rompe directorios telefónicos
3. vuela aviones de combate
4. no le interesa volar
5. ganó muchas medallas

Organiza tus ideas

Piensa acerca de las características de los dos papás descritas en *Mi Papá es algo especial.* ¿En qué son iguales el papá de Jorge y el hombre que Ron describió como su papá? ¿Cómo son diferentes los dos papás?

Revisa

1. Escribe un párrafo que describa al papá de Jorge como él lo conoce.
2. Escribe un párrafo que describa al papá de Ron como él desearía que fuera.

Redacta

Verifica tu trabajo cuidadosamente para estar seguro de que has escrito una descripción clara. Si es necesario, agrega más oraciones detalladas para hacer tu párrafo más interesante.

Pensando en las Ventanillas

El punto de vista de las personas puede cambiar y los personajes en esta unidad son prueba de esto. Caminaste por la playa con Elisabeth y viste como aprendió que la playa tiene muchos tipos de tesoros. ¿Sabías que la playa está llena de tesoros naturales? Miraste por el telescopio con Galileo y viste como él pudo cambiar el modo de pensar de la gente sobre la tierra y los planetas. Oíste como Harry George trató de cambiar a su papá hasta que al fin supo lo afortunado que era de tener un padre.

En algunos de los cuentos que leíste, el autor quería dar información. ¿Cuáles cuentos eran para informar? En otros cuentos, el autor quería hacerte reír. ¿Cuáles cuentos fueron escritos para entretener?

Mientras lees otros cuentos, mira bien a los personajes. Observa si al final del cuento los personajes son iguales a lo que parecían ser al principio.

1. El tema de «Ventanillas» es que la perspectiva de algunas personas puede cambiar. ¿Qué personajes aprendieron que una persona puede cambiar las cosas por la forma en que trata a los demás? ¿Qué personaje cambió las ideas de otra gente debido a lo que él o ella aprendieron del mundo?

2. Cita una historia que pudiera ocurrir y otra que no pudiera ocurrir en la vida real.

3. Cita dos historias que den información o datos.

4. En dos de las historias, los personajes están en peligro. ¿Cuáles son los títulos de estas historias?

5. ¿En qué se parecen la señorita Moody, Jimmy y Galileo?

Lectura idependiente

Otoquí por Ernesto Franco Regules. Voluntad. Narra la historia del curandero Otoquí y del regalo que le hace el dios Yuquiyú.

Dragón, dragón por John Gardner. Alfaguara. Estos cuentos usan magia, misterio y humor para entretener usando el tema de los dragones.

Tajín y los siete truenos Adaptación de Felipe Garrido. Promexa. Leyenda popular de los indios totonacas de México.

Mis primeras lecturas poéticas Colección de Angelina Gatell. Ediciones 29. Este libro es una excelente introducción a los grandes poetas de habla española.

Blanca Nieves y los siete enanitos por los hermanos Grimm. Promexa. Una bella joven come una manzana envenenada y se queda dormida durante muchos años. Un príncipe rompe el hechizo y se casa con ella.

Yo tengo una cabra por Josef Guggenmos. Juventud. Un día, Susana llega a su casa y encuentra a Tily, una cabra que sabe hablar. Ambas viven muchas aventuras.

El país de las cosas perdidas por Ángela C. Ionescu. Doncel. Seis historias sobre una tierra encantada. Este libro ha ganado varios premios literarios.

Ingeborg por Jordi Jane. La Galera. Leyenda popular noruega sobre un oso blanco que se convierte en un príncple apuesto. La hija de un leñador se enamora de él.

Unidad 3

La belleza

¿Has pensado en la belleza que te rodea? Hay belleza en la naturaleza. Un artista crea la belleza con sus brochas y pintura. Piensa en cómo los músicos y los escritores crean sonidos y escenas bellas. Ellos se expresan por medio de su arte.

Los personajes de esta unidad te invitan a estar con ellos mientras le añaden belleza a la vida. ¡Ven! Toma un paseo por el campo para ver lo fácil que es hacer la tierra más bella. ¿Cómo contribuye el escuchar música a la belleza que te rodea?

Mientras lees, piensa cómo los personajes tratan de hacer nuestro mundo mejor. Voltea la página y entra al mundo de la belleza.

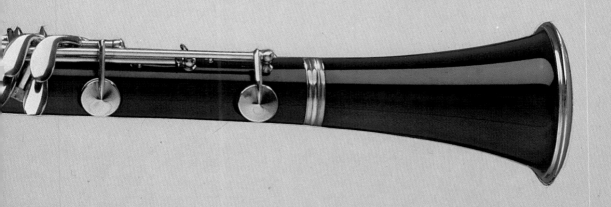

Un mago trata de hacer el mundo más bello.
¿Cómo lo logrará?

El gran azul
por Arnold Lobel

Hace mucho tiempo no habían colores en el mundo. Casi todo era gris, y lo que no era gris era negro o blanco. Era el período conocido como el gran gris.

Todas las mañanas durante este período de el gran gris, un mago abría la ventana para ver la inmensa tierra.

—Algo muy malo está pasando en el mundo— decía. Es muy difícil distinguir cuando paran los días lluviosos y cuando comienzan los días de sol.

A menudo el mago bajaba las escaleras que llegaban a su sótano oscuro y gris. Allí, para entretenerse y para olvidarse del aburrido mundo de afuera, se dedicaba a hacer unas mangníficas pociones mágicas.

Un día mientras el mago mezclaba y batía un poquito de esto y un poquito de aquello, vio algo extraño en el fondo de su caldera.

—¡Qué cosa tan bonita he hecho!— gritó. Haré más inmediatamente.

—¿Qué es eso?— le preguntaron los vecinos cuando vieron al mago pintar su casa.

—Un color— dijo el mago. Lo llamaré *azul*.

—Por favor— le imploraron los vecinos— ¡por favor danos un poco!

—Desde luego— dijo el mago.

Y así es como comenzó el gran azul. Después de un corto tiempo, todo el mundo era azul. Los árboles eran azules. Las abejas eran azules. Hasta las ruedas y las comidas eran azules. El mago pedaleaba en su bicicleta azul para ver alrededor del gran mundo azul. Decía —Qué día tan perfecto.

Pero El gran azul no era tan perfecto. Después de un largo tiempo, todo aquel azul hizo que la gente se pusiera triste. Los niños no jugaban. Se resentían en sus jardines azules. Los padres y las madres se sentaban en casa mirando tristemente a las pinturas azules en las paredes de sus casas azules.

—Este azul es muy deprimente— dijeron los vecinos del mago, el cual era el más deprimido de todos.

—Tengo que hacer algo— dijo el mago mientras se agachaba escaleras abajo hacia su bodega oscura y azul. Allí comenzó a mezclar y a batir un poco de esto y un poquito de aquello. Pronto vio algo nuevo en el fondo de su caldera.

—Aquí tenemos algo más alegre— dijo el mago. Haré más de esto inmediatamente.

—¿Qué es eso?— le preguntaron los vecinos cuando vieron al mago pintando su cerca.

—Lo voy a llamar *amarillo*— dijo el mago.

—¿Nos regalas un poco?— le rogaron los vecinos.

—Desde luego— les contestó el mago.

Y así es como comenzó El gran amarillo. Después de un corto tiempo, todo el mundo era amarillo. Los puercos eran amarillos. Las pelucas eran amarillas. Los escalones y las sillas del dentista eran amarillas. El mago montaba su caballo amarillo para explorar su mundo ancho y amarillo. Decía —Qué día tan bonito.

Pero lo dorado no era tan bueno. Después de mucho tiempo, todo aquello amarillo comenzó a lastimarles la vista a todos. La gente entrecerraba los ojos y no podían ver a dónde iban.

—Este amarillento es muy brillante y cegador— le dijeron los vecinos al mago.

—No tienen que decírmelo— se quejó el mago, quien traía una toalla húmeda en la cabeza. —Todos tienen dolor de cabeza y yo también.

Así que el mago bajó las escaleras, tropezándose hasta llegar a su bodega oscura y amarilla. Allí mezcló y batió un poquito de esto y un poquito de aquello. Pronto vio algo diferente en el fondo de la caldera.

—Esta cosa es bonita— dijo el mago. Haré más de esto inmediatamente.

—¿Cómo lo llamas?— le preguntaron los vecinos cuando vieron al mago pintando sus flores.

—*Rojo*— contestó el mago.

—Queremos un poco también— le rogaron los vecinos.

—Seguro— les dijo el mago.

Y así comenzó El gran rojizo. Después de un tiempo todo el mundo era rojo. Las montañas eran rojas. Las fuentes eran rojas. El queso y el té de la tarde eran rojos. El mago salía en su velero rojo para ver el mundo ancho y rojo. Decía —Qué día tan bonito.

Pero el rojizo no era tan glorioso. Después de mucho tiempo, todo aquello rojo hizo que todos estuvieran de mal humor. Los niños pasaban el día peleándose y pegándose mientras las madres y los padres discutían fuertemente. Un grupo de vecinos furiosos marcharon hacia la casa del mago.

—Este horrible rojizo es toda tu culpa— le gritaron.

El mago corrió escaleras abajo a su bodega oscura y roja. Mezcló cosas y las revolvió por muchos días. Usó toda su magia para encontrar un color nuevo, pero todo lo que le salía era más azul, más amarillo y más rojo. El mago trabajó hasta que todas sus calderas estaban llenas hasta arriba.

Las calderas estaban tan llenas que pronto derramaron. Lo azul, lo amarillo y lo rojo empezaron a mezclarse. Se hizo un mugrero. Pero cuando el mago vio lo que pasaba, gritó: —¡Ésta es la respuesta!— y bailaba de gusto alrededor de la bodega.

El mago mezcló lo rojo con lo azul e hizo un color nuevo. El mago mezcló lo amarillo con lo rojo e hizo otro color.

—¡Miren las cosas tan bonitas que he hecho!— dijo el mago cuando terminó.

—¿Qué son?— preguntaron los vecinos.

—Las llamaré morado, verde, anaranjado y pardo dijo el mago.

—¿Cuál vamos a escoger esta vez?— gritaron los vecinos.

—Se los tienen que llevar todos— dijo el mago.

La gente se llevó todos los colores que el mago había hecho. Al poco tiempo encontraron lugares apropiados para cada uno. Y después de mucho tiempo, el mago abrió su ventana, miró hacia afuera y dijo —¡Qué día tan glorioso y perfecto!

Los vecinos le trajeron al mago regalos de manzanas rojas y hojas verdes y plátanos amarillos y uvas moradas y flores azules. Por fin el mundo estaba demasiado hermoso para volver a cambiarlo.

1. ¿Cómo hizo el Mago para hacer más bello al mundo?
2. ¿Qué pasó cuando todas las cosas en el mundo fueron pintadas de azul? ¿Amarillo? ¿Rojo?
3. ¿Cómo resolvió el Mago estos problemas sobre los colores?
4. Si tú tienes que escoger entre un mundo azul, amarillo o rojo para vivir, ¿cuál escogerías? ¿por qué?
5. ¿Cuándo supiste que pronto el mundo sería colorido?

Aplica tus conocimientos

Cambia un detalle en una palabra en cada oración que aparece abajo. Escribe otras palabras que tú pudieras usar en lugar de la palabra subrayada. El primero ya está completado.

1. Después de un <u>corto</u> tiempo todo era azul.
   largo *o* poco
2. Aquí tenemos algo más <u>alegre</u>.
3. ¡Qué día tan <u>bueno</u> estamos teniendo!

Organiza tus ideas

Mira a tu alrededor. ¿Dónde ves color? El color hace el mundo más bello. Piensa sobre eso. ¿Qué sería el mundo sin color?

Redacta

Selecciona una de las siguientes actividades:

1. Escribe un párrafo que diga cuál es tu color favorito. Di cómo te hace sentir este color y describe al menos tres cosas que son de este color.
2. Escribe un poema acerca del color. Tú puedes hablar acerca de un solo color o hablar acerca de muchos colores en tu poema. Asegúrate de darle un título a tu poema.

Revisa

Comprueba tu trabajo. Asegúrate que seguiste las instrucciones que te dieron en las actividades que escogiste. Si necesitas hacer cambios, házlos.

Viven los colores
por Mary O'Neill
adaptación al español por Francisco Perea

Viven los colores,
van del blanco al negro,
en este planeta
donde todos vemos

Pero ver no es todo,
hay más, mucho más:
colores que bailan,
que saben cantar;
colores que ríen,
y saben llorar . . .

Se apagan las luces,
se muere el color,
y uno siente todo:
desde el peor humor,
hasta el más alegre
gozo juguetón

Y yo sé y tú sabes
que cada color,
del blanco hasta el negro,
tiene su sabor;
que cada uno tiene
un único olor.

Por ningún motivo
vayas a olvidar,
que cada uno tiene
un cuento que contar.

Palabras que imitan sonidos

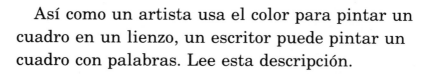

Así como un artista usa el color para pintar un cuadro en un lienzo, un escritor puede pintar un cuadro con palabras. Lee esta descripción.

Era un día frío y gris. El cielo estaba nublado. Caía la lluvia.

Ahora lee otra descripción del mismo día. Esta vez, el escritor usa un lenguaje colorido para que tú oigas y sientas la lluvia.

Era un día frío y gris. El cielo estaba lleno de nubes. *Drop, plop. Drop, plip. Splach, splich* hacían las gotas de lluvia cuando le pegaban a la tierra.

Los escritores usan un lenguaje colorido para ayudar al lector a ver más que solamente las palabras que lee en una página. Un lenguaje colorido hace algo escrito más interesante.

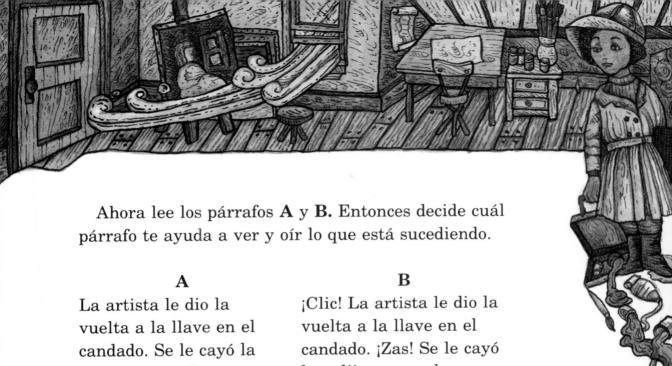

Ahora lee los párrafos **A** y **B.** Entonces decide cuál párrafo te ayuda a ver y oír lo que está sucediendo.

A	**B**
La artista le dio la vuelta a la llave en el candado. Se le cayó la valija que usaba para cargar sus pinturas. Todos los frascos de pintura se rompieron y se derramó la pintura sobre el piso. El viento cerró la puerta detrás de ella.	¡Clic! La artista le dio la vuelta a la llave en el candado. ¡Zas! Se le cayó la valija que usaba para cargar sus pinturas. ¡Crash! ¡Splat! Todos los frascos de pintura se rompieron y se derramó la pintura sobre el piso. ¡Guush! El viento cerró la puerta detrás de ella.

¿Cuál de los párrafos te pareció más interesante? ¿Qué palabras utilizó el autor para ayudarte a oír estos sonidos? En el párrafo B, el autor usa las palabras *clic, zas, crash, splat* y *guush* para ayudarte a ver y a oír lo que está sucediendo.

Cuando leas, busca las palabras que los autores usan para ayudarte a ver y a oír los sonidos. Cuando escribas, trata de usar palabras que ayuden al lector a realmente vivir lo que has escrito.

169

La música puede ser una expresión de belleza. ¿Cómo usa el autor un lenguaje colorido para expresar la música de la orquesta de un sólo hombre?

Ty, El hombre orquesta

por Mildred Pitts Walter

El sol se levantó en llamas. Pronto secó el rocío y horneó al pueblo. Otro día, caliente y monótono. La mamá de Ty estaba lavando ropa, y su papá estaba ocupado descargando comida para las gallinas. Su hermana estaba en la cocina. Ty no tenía nada divertido que hacer.

Ty pensó en el prado alto y fresco de la laguna y decidió ir allá.

En la laguna, grandes árboles encajaban sus raíces muy hondo y levantaban sus ramas en alto, muy en alto hacia el cielo. El prado creció tan alto que podía ocultar a un niño tan alto como Ty. Se acostó callado, escuchando. Pap-ton . . . Ty apretó su oreja en la tierra. Lo oyó de nuevo: pap-ton, pap-ton, pap-ton. ¿Qué puede ser? Pap-ton, pap-ton, se acercó. Luego Ty vio a un hombre con una sola pierna. La otra pierna era de palo.

El hombre caminó hacia la orilla del agua y bajó su bulto. Sacó una taza de metal, un plato de metal, una cuchara y algo de comida. Después de comer,

lavó sus trastes en la laguna. Después aventó la taza, el plato y la cuchara en el aire uno tras otro, una y otra vez y los cogió todos. ¿Él es un malabarista! pensó Ty. Luego el hombre golpeaba con ritmo la cuchara en su taza: tink-ki-tink-ki-ki-tink-ki-tink; y en el plato: tank-ka-tank-ka-ka-tank-ka-tank; y luego en la taza y en el plato: tink-ki-tink-ki-tank.

El también es un tamborilero, se dijo Ty a sí mismo. Ty se acercó más al hombre. Ty sintió el palpitar del corazón: tomp, tomp.

—¿Quién eres?— le preguntó Ty de repente.

—Me llamo Andro. Soy el hombre orquesta— dijo el hombre.

—¿Qué es un hombre orquesta?— le preguntó Ty.

—Te enseñaré. Vé a tu casa y trae una tabla de lavar y dos cucharas de madera, una cubeta de metal y un peine. Vendré al pueblo al atardecer y tocaré música para tí y tus amigos.

Ty se apresuró a casa. ¡Un hombre orquesta! ¿Se acordaría de traer todas esas cosas? Cucharas de madera, una cubeta de metal, una tabla de lavar . . . faltaba algo. ¿Qué se le había olvidado? Ty trató de pensar. Se rascó la cabeza. ¡Un peine!

—Espera a que se lo diga a mis amigos— pensó. Ellos vendrán a oír música también.

Ya en su casa Ty corrió al cuarto de su hermano Jason.

—¿Puedo usar tu peine para el hombre orquesta?

—¿Para qué? Ty le contó a Jason acerca del hombre orquesta.

—Pero, ¿puedo usar tu peine?

—Sí, pero los peines están hechos para peinarse y no para tocar música— contestó Jason.

Ty corrió a la cocina. Su hermana estaba batiendo pan de maíz. Le contó acerca del hombre que era una orquesta. —¿Puedo usar dos cucharas de madera?

—Sí— le contestó su hermana —pero nunca he oído que hagan música. Se rió mientras Ty salío apurado.

Encontró a su mamá en el jardín, recogiendo la ropa tendida. Le dijo acerca de Andro. Movió la cabeza. Luego dijo: —Puedes usar mi tabla de lavar al atardecer. Pero esa tabla está hecha para lavar, no para producir música.

Su papá estaba en el gallinero, poniendo maíz en la cubeta para darle de comer a las gallinas.

—Desde luego que puedes usar la cubeta, hijo. Pero no no estés tan seguro de que oirás al hombre orquesta. Las cubetas son para cargarlas, no para producir música.

Ty reunió todo lo que le pidió Andro. Luego corrió a contárselo a sus amigos.

El sol se convirtió en una gran bola roja. Se escondía más y más, pero el pueblo no se enfriaba. La gente se abanicaba en sus protales. Hacía tanto calor que ni siquiera platicaban.

Ty se sentó en la esquina de la calle bajo un farol. Esperó. ¿Vendrá Andro? Y si viene, ¿qué clase de música hará con el peine de Jason, la vieja tabla de lavar, dos cucharas de madera y la cubeta?

Luego oyó en la oscuridad un pap-ton, pap-ton, pap-ton. ¡Ya venía!

—Estoy a sus órdenes— dijo Andro. Andro vio todas las cosas. Las volteó una por una. —Éstas harán buena música— dijo mientras se sentaba con la pierna buena doblada. Puso las cucharas entre sus dedos y las movió muy rápido. Cuac-cuac-cuac-te-cuac. La plaza vacía se llenó con el sonido de patos.

Luego Andro hizo el sonido de caballos bailando suavemente, clip-clop-clip-clop-clop. Bailaban más rápido, clipti-clop, clipti-clop, clipti-clop-clop. Aún más rápido, cl-oo-pi, cl-oo-pap, cl-oo-pap-pap-pa-pap-pap. —¡Jai yo, Silver!— gritó Andre.

Ty aplaudió y aplaudió. Andro sacó un pedacito de papel de su bolsa. Cuidadosamente dobló el papel sobre el peine. Antes que Ty pudiera preguntarle qué pasaba, Andre estaba haciendo música.

Una por una, la gente comenzó a salir de sus portales. Se amontonaban y aplaudían y bailaban mientras Andro tocaba y bailaba con su propia música. Su pierna de palo comenzó a hacer tap-tap-ti-ti-tapiti-tap, tapiti-tap-tap-ti-ti-tap. El giró, saltó y bailó dando a vueltas y vueltas a la luz del farol.

Andro dejó de bailar y comenzó a hacer ruidos en la tabla de lavar. Mientras pasaba los dedos por la tabla, Andro hacía unos sonidos que a Ty le parecían muy reales. Ty podía oír el rodar del agua, cayendo loma abajo sobre las rocas, y gorgoteando en un riachuelo y de ahí convertirse en una gota como la de una llave. Los mejores sonidos fueron los de un gran tren de carga que soplaba despacio, después más rápido y más rápido y más rápido hasta que pasara sonando el pito muy lejos.

—¡Más! ¡Más! ¡Más!— gritaba la gente.

Andro bajó la cubeta. Con una cuchara en la mano, le pegó la cubeta a su pierna de palo y a la otra cuchara. Di-de-le-dum, di-de-le-dum, de-di-la-di-ti-do, de-di-la-te-ti-do, chuc-chic-chum-dum, chu-chic-chu-dum.

Niños y niñas, padres y madres y hasta los bebés aplaudían. Algunos bailaban en la calle. Cuando paraba la música, todos gritaban —¡Más!

Andro dejó que Ty tocara los instrumentos en ocasiones. Los amigos de Ty también querían tocarlos. Pronto tocaban juntos como una orquesta de un hombre. Todos bailaban. Sólo Ty vio cuando Andro desapareció en la noche.

1. ¿Cómo hace el autor que esta historia cobre vida?
2. ¿Por qué fue bueno para el pueblo cuando Andro vino?
3. ¿Por qué Ty recogió todas las cosas que Andro le pidió que recogiera?
4. ¿Qué pensaste tú cuando Andro se salió sin ser visto en la noche?
5. ¿Cuándo supiste que Andro había cambiado la ciudad?

Aplica tus conocimientos

Algunas veces los autores usan palabras para imitar sonidos.

Cuenta cuáles palabras tú usarías para imitar los siguientes sonidos.

1. el agua goteando del techo, gota por gota
2. las ruedas de un viejo tren rodando hacia abajo de la vía
3. una abeja volando alrededor

Organiza tus ideas

¿Cómo usó Andro cosas ordinarias para hacer música? Estudia la lista de palabras abajo. Decide cómo es que suenan las palabras. El primero ya está hecho para ti.

1. cuá, cuá —patos—
2. rat-a-tat-tat
3. ka-boom
4. swoosh

Redacta

Selecciona una de las siguientes actividades:

1. Escribe un párrafo acerca de alguna cosa que te haya sucedido. Luego agrega palabras que emiten sonidos y haz tu historia más interesante. Mira las páginas 168–169 para ejemplos de lenguaje colorido.
2. Escribe un párrafo que diga cómo Andro usó cosas simples, tal como un peine para hacer música. Luego escribe una oración acerca de algo ordinario que tú podrías usar para hacer música.

Revisa

Lee tu párrafo o tu historia. Si es necesario, hazle cambios.

Siguiendo instrucciones escritas

Ty y sus amigos hacen instrumentos musicales simples hechos de ollas, baldes, tablas, peines y de otros artículos domésticos. Siguiendo las instrucciones, tú puedes aprender a hacer instrumentos musicales sencillos. Entonces, tú también podrás tener una banda musical.

He aquí algunas de las cosas importantes que necesitas tener presente cuando sigas instrucciones por escrito:

- Lee con cuidado todos los pasos. Luego vuélvelos a leer. Asegúrate de que entiendes lo que vas a hacer.
- Junta todas las cosas que vas a necesitar.
- Comienza con el número 1 y sigue todos los pasos en orden. Asegúrate de no omitir ninguno de los pasos.

Una chicharra es un instrumento sencillo que tú puedes hacer.

Cosas que necesita:

tijeras

un tubo de cartón de cinco pulgadas

un elástico

Cómo hacerlo:

1. Corta un círculo de seis pulgadas de papel encerado.

2. Pon el papel encerado encima de un extremo del tubo.

3. Envuelve el elástico alrededor del papel encerado para que se quede fijo.

4. Tararea una canción en el lado abierto del tubo.

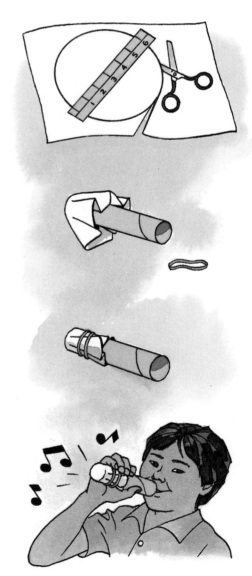

Ahora sigue estas direcciones para hacer una harmónica de un peine.

Cosas que necesitas:
tijeras
un peine pequeño limpio
un pedazo de papel encerado o papel de seda

1. Corta el papel encerado o el papel de seda del mismo largo que el peine. Asegúrate que el papel esté lo bastante ancho para cubrir los dos lados del peine.

2. Ten el peine con los dientes hacia arriba.

3. Dobla el papel encerado o el papel de seda sobre los dientes del peine.

4. Sujeta el papel encerado o papel seda en el peine en ambos extremos.

5. Pon la boca en un lado del peine y sopla a través del peine.

He aquí las instrucciones para hacer una guitarra con ligas de hule.

Cosas que vas a necesitar:
una caja vacía de papel de seda
cuatro o cinco ligas de hule
dos clavijas de madera o lápices sin punta
de quince centímetros o seis pulgadas

1. Pon las ligas de hule alrededor de la caja vacía y sobre la apertura de ésta misma.

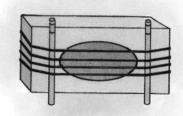

2. Pon los lápices entre las ligas y la caja en ambos extremos de la apertura.

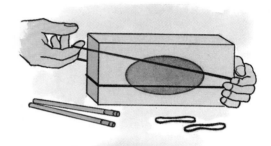

3. Ahora, trata de tocar tu guitarra al puntear las cuerdas hechas de ligas de hule.

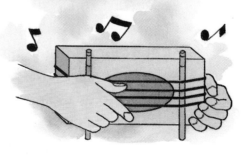

Ahora has hecho tres instrumentos sencillos. Ensaya el tocarlos con otros de tus compañeros de la escuela.

> *La belleza significa diferentes cosas para diferentes personas. ¿Qué cambió la idea de la reina acerca de la belleza? ¿Qué es lo que tiene que decirte el espejo acerca de la belleza?*

Blanca Nieves y sus amigos
por Val R. Cheatham

PERSONAJES:

Narrador	Leñador
Reina	Doc
Blanca Nieves	Dopey
Espejo	

PRIMERA ESCENA

Decoración: El cuarto del trono de la reina. El espejo está cerca del trono. El Narrador entra y habla.

Narrador: Esta comedia trata de una niña que creció y se hizo hermosa. Se llama Blanca Nieves. Conforme comienza la escena, vemos a la malvada reina. (Entra la reina).

Adaptada de *Skits and Spoofs for Young Actors* por Val R. Cheatham. Copyright © 1977 por Val R. Cheatham. Publicada por Plays, Inc., Boston, MA. Esta obra es para lectura solamente. Para obtener permiso para representarla escriba a Plays, Inc., 120 Bolyston street, Boston, MA 02116. Reimpresa con permiso de Plays, Inc.

La reina: Dime espejo, ¿sigo siendo la criatura más hermosa que ha vivido?

El espejo: Para oír las cosas que voy a decirte, debes preguntarme correctamente.

La reina: ¡Oh, válgame! Tú y tus dichos.

El espejo: Un espejo es todo lo que puedo ser, cuando te olvidas preguntarme.

La reina: ¡Oh, está bien! ¡Está bien! Espejo, espejo en la pared, ¿quién es la más hermosa de todas?

El espejo: Hay algunas cosas, ¡Oh mi reina!, de las cuales me río mucho, pero con tu belleza, ¡tú sabes que no juego! Algo hermoso que ver — la joven Blanca Nieves.

185

La reina: ¿Blanca Nieves? No lo puede creer. ¡Qué alguien sea más bella que yo! Me tengo que deshacer de ella. ¡Llamaré al leñador!

El leñador (*entrando*): ¿Hablaba usted?

La reina: Sí. Tengo un trabajito para tí.

El leñador: ¿Cortar árboles?

La reina: Bueno, algo así como cortar.

El leñador: Dilo, mi reina. Se hará.

La reina: Ves, hay una muchacha, Blanca Nieves. Ella es más bella que yo. Blanca Nieves debe morir porque nadie más debe igualar mi belleza.

El leñador: Usted sabe que deshacerme de jovencitas no es mi trabajo.

La reina: Puedes escoger entre dos cabezas.

El leñador: ¿Dos?, ¡una es suficiente!

La reina: Escoge entre las dos, leñador. La tuya o la de la joven, ¿bueno?

El leñador: Muy bien, mi reina. Si me lo dice así . . .

La reina (al espejo): Jé, jé, jé, ¿qué te parece eso? ¿Espejo, espejo en la pared?

SEGUNDA ESCENA

Decoración: El bosque

El Narrador: ¿Qué le pasará a la joven Blanca Nieves? En la segunda escena, el leñador y Blanca Nieves están en el bosque (*entran el leñador y Blanca Nieves, sale el narrador*).

El leñador: Éste, Blanca Nieves es un árbol de pino.

Blanca Nieves: ¡Oh!, qué interesante.

El leñador: Ahora, ¿puedes ver lo que está allá?

Blanca Nieves: (*Agachándose y viendo a lo lejos*) ¿Dónde?

El leñador: (*Prepara el hacha. Se detiene y tira el hacha en el suelo*). ¡No lo puedo hacer!

Blanca Nieves: ¿Qué es lo que no puede hacer, señor leñador?

El leñador: El encargo de la reina. Me mandó aquí a matarte a causa de tu belleza.

187

Blanca Nieves: ¿Yo? Bueno, solamente ayer me llamaba el patito feo.

El leñador: Eso fue ayer. Tú quédate aquí y yo iré y le diré a la reina que estás muerta.

Blanca Nieves: Me preocupa. ¿No estará usted en peligro señor leñador?

El leñador: No me pasará nada. La reina se está haciendo vieja. Hay muchas jóvenes más hermosas que ella. Pronto podrás regresar. Me tengo que ir. Cuídate. (sale).

Blanca Nieves: Adiós y gracias. Ahora, ¿qué rumbo tomo? (*mirando hacia la derecha*).

Doc y Dopey: Jai-jó, jai-jó . . .

Blanca Nieves: Oh, ¿quiénes son ustedes?

Dopey: Somos los enanos.

Blanca Nieves: Tengo que encontrarme con los siete enanos, y ellos me llevarán a su casa y me ayudarán.

Dopey: Así nos llamamos: —Los siete enanos. La orquesta más pequeña con el ritmo más grande. El es Doc y yo soy Dopey. ¿Quién eres tú?

Blanca Nieves: Yo soy Blanca Nieves. La malvada reina quiere matarme porque soy bella.

Doc: ¿Puedes tocar los tambores?

Blanca Nieves: No. (*llorando*) Oh, ¿por qué me odia tanto la reina?

Dopey: Nosotros tampoco le caemos bien a la reina.

Doc: Los enanos tuvimos tres éxitos en las primeras diez canciones. Empezábamos a ser más populares que la reina, pero ella se enojó. Nos hizo cambiar. Ahora sólo tocamos para los gorriones y los pájaros azules.

Dopey: Nos dijo que nuestra música era para los pájaros.

Doc: ¿Estás segura que no sabes tocar los tambores?

Blanca Nieves: Estoy bien segura. Pero puedo cantar.

Doc: ¡Eso es! ¡Una cantante! Eso le dará a nuestra orquesta bastante clase. (*Salen todos*).

TERCERA ESCENA

Escenario: El cuarto del trono de la reina.

El Narrador: Para la próxima escena regresamos a visitar a la reina y su espejo mágico. ¿Qué pasará? ¿Se quedará Blanca Nieves en el bosque y cantará para los enanos? ¿Se escapará el leñador al bosque y se hará el tamborilero de los enanos? (*Entra la reina, el espejo está en el foro*).

La reina: (*Mira al espejo*) Nunca habrá nadie que iguale mi gran belleza. ¿No es verdad, espejo?

El espejo: Para oír lo que tengo que decirte, debes preguntarme correctamente.

La reina: Está bien, está bien. Espejo, espejo en la pared, ¿quién es la más hermosa de todas? Ahora, apúrate y dímelo.

El espejo: Cabello negro tan suave como la seda, ojos tan claros y azules, sonrojados rayos de luz en sus mejillas, un corazón tan dulce y sincero;

La reina: ¡Un momento! No me vas a dar ese discurso acerca de Blanca Nieves de nuevo, ¿o sí? ¿acuérdate? ¿el leñador?

El espejo: Blanca Nieves, nuestra hermosa heroína, está muy viva. El leñador de tan buen corazón fue tan bueno que no pudo deshacerse de ella. Se ha refugiado con algunos enanos, que la ayudaron a escapar. Ahora ella canta caciones alegres con la pequeña orquesta todas las noches.

La reina: ¡Blanca Nieves está viva! ¡Ese leñador! ¡Esos enanos! ¿Qué puede hacer una reina cuando nadie la quiere obedecer?

El espejo: La belleza no se hizo para ser la única meta en la vida de una persona. Es el valor, la fe y el hacer bien que puede enfrentar las obligaciones y las luchas de la vida. Esas cosas se quedan contigo. No se pueden comprar ni vender. La belleza se acaba con los años y, piénsalo reina, ya estás vieja.

La reina: Debo hacer algo. Me tengo que deshacer yo misma de Blanca Nieves. La envenenaré. Le daré esta bonita, roja, jugosa (*saca un banana de su bolsa*) ¿banana? Bueno, una cosa funciona tan bien como la otra. ¿Qué te parece espejo, espejo en la pared?

CUARTA ESCENE

Escenario: El bosque.

Narrador: Cuando se abre esta escena, la reina se ha vestido como una vieja fea. (*Entra la reina*). Ha traído el banana envenenado para dársela a Blanca Nieves. (*sale el narrador*).

La reina: Oh, Blanca Nieves —¿Dónde estás? ¡Yu-ju! (*Entra Blanca Nieves*).

Blanca Nieves: ¿Me estabas llamando?

La reina: Sí, eres una joven tan simpática y has cantado tan bien con la orquesta, que te quiero dar este banana.

Blanca Nieves: No, gracias. ¿Me has oído cantar?

La reina: Sí, te he oído. Yo también cantaba un poco. Pero, cómete el banana.

Blanca Nieves: De veras que no lo quiero.

La reina: Pero está tan bonito y yo quiero dártelo.

Blanca Nieves: Está bien, pero no me gustan los bananas.

La reina: Este es . . . diferente. (*Blanca Nieves lo pela, le da una mordida y se cae en le suelo*). ¡Déjame oírte cantar ahora.

La reina: (*Entran Doc y Dopey*) Hola, ¿quiénes son?

Doc: El enano Doc, director de los siete enanos. ¿Le gustaría oírnos tocar? (Saca una manzana de su bolsa). ¿Quieres una manzana?

La reina: Gracias. (*Se come la manzana cuando salen ellos*).

Dopey: (*Se da la vuelta y ve a Blanca Nieves en le suelo*). ¿Qué le pasa a Blanca Nieves?

El leñador: ¡Me está esperando! La reina le acaba de dar un banana envenenado y yo soy el príncipe con la cura que la puede aliviar. Vamos a ver (*busca en sus bolsillos y encuentra una botella*). ¡Contra-banana! (*Le pasa la botella por la nariz a Blanca Nieves*).

Blanca Nieves: (*Se sienta*) ¿Qué es ese olor? Debe ser mi príncipe (*se frota los ojos*). Espera, tú eres el leñador.

El leñador: ¡Estás equivocada! Yo soy el príncipe vestido de leñador para escaparme de la reina. Pero eso ya se acabó. Doc le acaba de dar una manzana de los Boy Scouts. Con una mordida y se hará confiable, leal y dispuesta a ayudar. También, ¡sentirá dispuesta a hacer cosas buenas todos los días!

1. ¿Por qué la Reina era tan malvada? ¿Qué significa la belleza para la Reina?
2. ¿Qué cosas buenas le pasaron a Blanca Nieves porque la Reina estaba celosa de ella?
3. ¿Qué le pasa a la Reina después de que Doc el enano le da una manzana?
4. ¿Qué definición de la belleza te gusta más, la de la Reina o la del Espejo? ¿Por qué?
5. ¿Cuándo supiste que los problemas de Blanca Nieves se resolverían?

Aplica tus conocimientos

Los personajes en *Blanca Nieves y sus Amigos* dicen cosas graciosas y tontas. Por ejemplo, la Reina dice «No me vas a dar otro discurso sobre Blanca Nieves de nuevo, ¿verdad?»

Escoge un personaje: la Reina, el Leñador o Dopey. Encuentra dos líneas que este personaje haya dicho que sean graciosas o tontas. Prepárate para leer estas líneas en voz alta.

Organiza tus ideas

Piensa acerca de cómo el drama que acabas de leer es como el cuento de hadas *Blanca Nieves y los Siete Enanos*. ¿Qué cosas fueron cambiadas para hacer la representación diferente del cuento de hadas?

Redacta

Selecciona una de las siguientes actividades:

1. Escribe un párrafo que diga cómo la obra *Blanca Nieves y sus Amigos* y el cuento de hadas *Blanca Nieves y los Siete Enanos* son parecidos y cómo son diferentes.
2. Piensa acerca de otro cuento de hadas, tales como *Cenicienta, Risos de oro* y los *Tres Osos,* o *Las ropas nuevas del Emperador*. Vuelve a escribir un cuento de hadas con tus propias palabras. Cambia la historia para hacerla graciosa y hacer que esté de acuerdo al tiempo en que vivimos.

Revisa

Verifica tu trabajo. Asegúrate de haber seguido las instrucciones dadas en la actividad que tú escogiste. Si necesitas hacer cambios, házlos.

Hermosura

por E-Yeh-Shure'

adaptación al español por Francisco Perea

Se ve la hermosura
a la luz del sol.
Hay árboles y aves,
crece la semilla,
trabaja el sembrador;
festeja su cosecha,
de alegre baile al son.
Se oye la hermosura
al caer la noche:
del viento el murmullo,
de lluvia el arrullo;
la voz que discreta
sus anhelos canta.
Pero la hermosura
dentro de ti está.
Son tus buenas obras,
tu sano pensar;
Que en felices sueños,
diario trabajar,
y aún en el descanso,
se vuelve a revelar.

Tema: idea principal y detalles

Mira la ilustración. En ella se muestra que algo está sucediendo. ¿Qué muestra la ilustración? Sí, trata acerca de la jardinería. «La jardinería» es el **tema** de la ilustración. ¿Qué es lo más importante que muestra la ilustración? *Los niños están cultivando un jardín.* La **idea principal** es que los niños están cultivando un jardín. Fíjate en lo que cada niño hace. Uno de ellos planta semillas. Otro rastrilla las hojas. El último niño riega el jardín. Estos son los detalles de la ilustración. Todos estos **detalles** en conjunto **sustentan** la idea principal: los niños están cultivando un jardín.

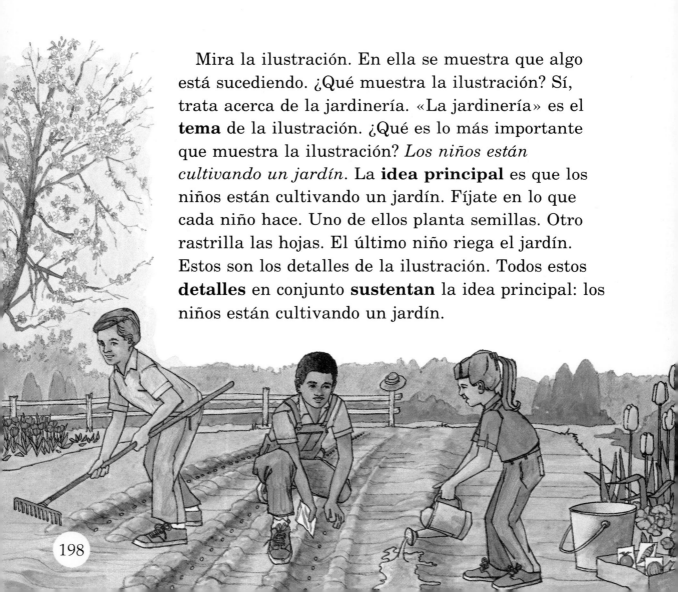

Así como una ilustración puede contener una idea principal, muchos párrafos que tú lees también contienen ideas principales. Lee el siguiente párrafo y encuentra la idea principal.

Las plantas de semilla crecen en lugares diversos. Algunas plantas crecen mejor en lugares calurosos mientras otras plantas necesitan una gran cantidad de sol; algunos crecen mejor en la sombra. Algunas plantas pueden encontrarse en lugares muy húmedos, mientras que otras pueden encontrarse en lugares áridos. Otras pueden crecer en el agua. Fíjate en el campo abierto, en los jardines, en las grietas de las aceras y en las macetas. Allí puedes encontrar plantas de semilla creciendo.

¿Cuál es la idea principal? En este párrafo, la primera oración, *Plantas de semilla crecen en diversos lugares*, establece la idea principal.

Sin embargo, la idea principal no se encuentra siempre en la primera oración de un párrafo. Para encontrar la idea principal, primero busca el tema del párrafo. El tema es de lo que se trata el párrafo. El tema del párrafo que acabas de leer es «plantas de semillas». La idea principal es lo más importante que un párrafo dice acerca del tema.

Ahora lee, una vez más, el párrafo acerca de plantas de semilla. Esta vez busca los detalles que sustentan a la idea principal.

¿Notaste que cada oración te dice algo acerca de la variedad de lugares en que las plantas de semilla pueden crecer? Lee la siguiente lista. Ésta ilustra los detalles que sustentan la idea principal del párrafo:

Las plantas de semilla crecen en diversos lugares

1. Pueden crecer en lugares de clima frío o caliente.
2. Pueden crecer en el sol o en la sombra.
3. Pueden crecer en lugares muy húmedos o muy áridos.
4. Algunas plantas de semilla hasta crecen en el agua.
5. Algunas plantas de semilla crecen a campo abierto, en jardines, en grietas de las aceras y en los tiestos.

Libros de texto en el aprendizaje: temas, ideas principales y detalles en Ciencias

Un artículo largo de muchos párrafos también contiene un tema, una idea principal y los detalles que refuerzan la idea principal. Los libros de texto y otros materiales informativos, muchas veces se organizan de esta manera. Al leer este tipo de materiales, busca el tema, la idea principal y los detalles. Estos te ayudarán a aprender y a recodar lo que leas.

Lee los siguientes párrafos, los cuales han sido tomados de un libro de texto. Las notas al margen de la página te ayudarán a descubrir el tema, la idea principal y los detalles.

RAICES

¿Qué hacen las raíces?

¿Alguna vez te has puesto a pensar lo que hacen las raíces? ¿Alguna vez has tratado de arrancar las hierbas de un jardín? ¿Salieron fácilmente? A las hierbas y a la mayoría de las plantas de semilla les crecen raíces dentro de la tierra. En ciertas clases de plantas, las raíces pueden crecer más de seis metros (20 pies) de profundidad. *Las raíces mantienen a las plantas en su lugar.* Fíjate bien en los árboles durante el transcurso de una tormenta. Ni siquiera un viento muy fuerte los puede tumbar.

¿Qué más hacen las raíces? Las raíces toman el agua y los minerales que las plantas necesitan. Las plantas necesitan a los minerales para crecer y para estar sanas. El agua y los minerales son llevados por tubos pequeños desde la raíz hasta el tallo.

En ciertas plantas, la comida se almacena en las raíces. ¿Alguna vez has comido zanahorias, rábanos o remolachas? Si es así, tú has comido una raíz con comida almacenada.

— *Silver Burdett Science*, Silver Burdett

«Las raíces» es el tema de este artículo.

La idea principal de este artículo es muy fácil de encontrar. Está escrita debajo del título.

Esta oración te da un detalle que sustenta la idea principal. ¿Qué otros detalles puedes encontrar?

En los párrafos sobre las raíces, las notas al margen te ilustraron el tema, la idea principal y los detalles que la sustentan. Los otros detalles que sustentan a la idea principal se encuentran en una lista en la página siguiente. ¿Los encontraste todos?

¿Qué hacen las raíces?

1. Las raíces mantienen a las plantas en su lugar.
2. Las raíces toman el agua y los minerales que las plantas necesitan.
3. Las raíces almacenan comida para cierto tipo de plantas. Ahora lee varios párrafos seleccionados del mismo texto de ciencia. Al leer, decide cuáles son el tema, la idea principal y los detalles.

Tallos de las Plantas de Semilla

Hay cuatro clases principales de plantas de semilla. Ellas son árboles, arbustos, hierbas y enredaderas. Cada una tiene diferentes tallos.

El **árbol** tiene un tallo principal llamado tronco. El tronco es un tallo de madera. Es sólido, duro y cubierto por la corteza. Los arces, los robles y los pinos son tipos comunes de árboles.

Un **arbusto** es más pequeño que un árbol y tiene varios tallos de madera. Los rosales y los arbustos de lilas son diferentes tipos de arbustos.

Una **hierba** es otra clase de planta de semilla. Las hierbas son plantas pequeñas con tallos lisos y suaves en lugar de leñosos. Muchas hierbas mueren al final de la temporada de cultivo. Los pastos, las flores y la mayoría de las malas hierbas son tipos de hierbas. La Vara de Oro es una mala hierba que es un tipo de hierba.

Algunas variedades de hierbas son comestibles. Algunas gentes hasta las cultivan en pequeños jardines. Especias como perejil y cebollinos son dos tipos de estas hierbas.

Una **enredadera** es otro tipo de planta de tallo suave. Las enredaderas no se peuden sostener en pie a sí mismas como un árbol. Ellas trepan enredándose en otras cosas y también son rastreras, o sea, que yacen en el suelo como si se arrastraran sobre la tierra. Los pepinos, las calabazas y la yedra son tipos de enredaderas.

—*Silver Burdett Science,* Silver Burdett

¿Cuál es el tema de la selección? ¿Cuál es la idea principal? El tema es «Los tallos». La idea principal es que las plantas de semilla tienen cuatro tipos de tallos. ¿Puedes encontrar los detalles que sustentan a la idea principal? Lee el artículo de nuevo y busca los detalles. Ahora, en una hoja de papel, haz una lista de estos detalles.

La belleza puede verse en la naturaleza. ¿Cuáles son las diferentes maneras en que la naturaleza extiende su belleza?

Flotadores, reventadores y paracaídas

por Cynthia Overbeck Bix

¿Has recogido alguna vez una "alita" en la acera bajo un árbol de arce y la has soltado para verla dar vueltas en el viento? ¿O al soplar a un diente de león has visto las motitas blancas que flotan como paracaídas pequeños? ¿Qué tal los erizos? ¿Has quitado alguna vez uno de tu calcetín?

Si es así, entonces has ayudado a una semilla a encontrar otro lugar donde crecer. La alita, el paracaídas y el erizo son partes de las plantas que distribuyen las semillas. Dentro de cada semilla se encuentra todo lo necesario para que crezca una planta nueva.

Desde la primavera hasta el otoño, el aire y el agua están llenos de estos viajeros pequeños. Las flores salen en los árboles de arce durante la primavera. Cada flor tiene dos alas con una semilla en cada ala. Cuando están listas para caerse, las dos alas se separan y se caen del árbol, girando. Posiblemente sean llevadas por el viento. Si alguna cae en buena tierra, la semilla que está adentro puede germinar y convertirse en un árbol nuevo.

Los dientes de león también viajan por el viento. Los pétalos

de la flor amarilla se marchitan y cientos de semillas pequeñas permanecen en el punto blanco del diente de león. Cada semilla tiene cabellos sedosos en la parte superior. El viento dispersa estos cabellos sedosos. Después ellos flotan como paracaídas pequeños. Al fin, cuando tocan la tierra pueden estar muy lejos de donde comenzaron. Dejan sus semillas en los jardines ajenos, en el camp o en una grieta de la acerca. Durante la próxima primavera, se encontrarán dientes de león donde nunca habían crecido antes.

Muchos de los viajeros de viento también pueden flotar en el agua debido a su ligereza. Los paracaídas del diente de león y del ala de arce pueden ser llevados por el viento y caer en un arroyo.

Otros viajeros pueden transportarse cuando flotan en el agua. Uno de estos es el coco seco. Tiene una cáscara dura y grande con una semilla adentro. El coco puede flotar porque adentro tiene muchos espacios llenos de aire. Cuando el coco madura y cae de la palmera a la playa, puede ser llevado muy lejos por las corrientes del mar. Si el coco llega a otra playa puede que eche raíces en la arena y luego crezca una palma de coco.

Muchas de las palmas de coco que se encuentran en las playas de las islas Hawaianas crecieron de los cocos traídos por el mar. Cuando primero se formaron las islas, no habían plantas algunas. La mayoría de las plantas que ahora crecen allí se originaron en otras islas tropicales de muy lejos y fueron llevadas por el viento allí.

cubierta de muchas espinitas. El extremo de cada espinita está doblado como un ganchito de pescar y se adhiere contra todo. Cuando alguien se roza contra una planta de bardana, los ganchos se adhieren a la ropa o al pelo y ahí se quedan. A medida que son movidos los erizos, las semillas caen por todas partes. Muchas suelen echar raíces en la tierra lejos del de lugar donde se recogieron.

Una de las maneras más sorprendentes por las cuales

Las semillas flotan y vuelan. Algunas viajan en el pelo de perros y animales salvajes o en los calcentines o pantalones de alguna persona. Muchas tienen ganchitos, barbitas o espinitas que se adhieren a muchas cosas.

Una semilla que es fácil de encontrar es el erizo que viene de la bardana. La bardana es un hierba que crece casi dondequiera. Cuando se marchita la flor de la bardana, deja una bola de color oscuro llena de semillas. La bola está

viajan las semillas es cuando estallan. La planta silvestre no-me-toques es una que riega sus semillas al estallar. Durante el vercano tiene brillantes flores anaranjadas, amarillas o rojas. Vainas verdes crecen de las flores. Cada vaina tiene cinco partes con hileras de semillas adentro. Cuando las vainas han crecido completamente las cinco partes de repente se enroscan y estallan. Las semillas se esparcen por muchos rumbos. Pueden dirigirse a una distancia de dos yardas o 1.8 metros lejos de la planta.

Las semillas viajantes que flotan, vuelan y estallan siempre se están moviendo. Pueden ocurrir muchos accidentes. Se las pueden comer los insectos y los animales. Pueden caer en tierra mala o en ninguna tierra. De todas maneras, sobreviven suficientes semillas para que crezcan planta nuevas.

La próxima vez que des un paseo, fíjate en las semillas de los árboles y las plantas que te rodean. Una vez que prestes atención, verás los pequeños viajeros en el aire, sobre el agua, dondequiera.

1. ¿Por qué la mayoría de las semillas tienen alas, pelos, espinas o vainas?
2. ¿Cómo llegan las semillas a diferentes lugares?
3. ¿Por qué no todas las semillas echan raíces y crecen?
4. De todas las maneras como viajan las semillas, ¿cuál crees tú que es la más interesante? ¿Por qué?
5. ¿Cuándo supiste por qué el autor escogió el título, *Flotadores, Reventadores y Paracaídas*?

Aplica tus conocimientos

La idea principal de un párrafo o una selección es la idea más importante. Siguiendo los detalles, habla más acerca de la idea principal.

Una idea principal en *Flotadores, Reventadores y Paracaídas* es *El viento ayuda a algunas semillas a encontrar un lugar para crecer.* ¿Qué es un detalle secundario?

Otra idea principal es *Otros viajeros pueden moverse solamente flotando sobre el agua.* Busca dos detalles que apoyen esta idea principal.

Organiza tus ideas

Piensa acerca de *Flotadores, Reventadores y Paracaídas*. ¿Cuál es el tema de esta selección? Busca una idea principal. ¿Qué detalles usa el autor para apoyar la idea principal?

Redacta

Selecciona una de las siguientes actividades:

1. Escoge un párrafo de la selección y haz una lista del tema del párrafo, la idea principal y al menos dos detalles secundarios.
2. Suponte que tú eres una de las semillas descritas en la selección. Escribe un párrafo que describa cómo viajaste de la planta en que creciste a un nuevo lugar. En tu párrafo, contesta las siguientes preguntas. ¿Qué clase de semilla eres tú? ¿Cómo viajas? ¿Dónde viajaste en camino al nuevo lugar de crecimiento?

Revisa

Comprueba tu trabajo. Asegúrate de haber seguido las instrucciones dadas en la actividad que seleccionaste. Si necesitas hacer cambios, hazlos.

¿Quién es la dama lupina? ¿Qué hace ella para que el mundo sea más bello?

La señorita Rumphius

por Barbara Cooney

La dama lupina vive en una casa pequeña con vista al mar. Entre las rocas que rodean su casa crecen flores azules, moradas y rosadas. La dama lupina ahora pequeña y vieja pero no siempre fue así. Yo sé. Ella es mi tía abuela, y ella me lo dijo.

Hace mucho tiempo, mi tía abuela, que se llamaba Alice, era una niña y vivía en una ciudad cerca del mar. Desde los escalones en frente de su casa podía ver los mástiles de los grandes buques. Hacía muchos años su abuelo había llegado a América en un gran bique velero. Ahora él vivía en la tienda del primer piso de la casa y hacía mascarones de proa para los buques. También pintaba buques navegantes y de lugares al otro lado del mar. Cuando él estaba muy ocupado, Alice le ayudaba a pintar los cielos.

CARVING AND PAINT

EAGLE

HOTEL

25

Wm RUMPH

DINING SALOON

Por las noches, Alice se sentaba en las rodillas de su
abuelo y escuchaba cuentos de lugares lejanos. Al
terminar, Alice le decía: —Cuando crezca, yo también
me iré a lugares lejanos, y cuando sea vieja, yo también
viviré junto al mar.

—Eso está muy bien, pequeña Alice— le decía su
abuelo —pero hay una tercera cosa que debes hacer.

—¿Qué es eso?— le preguntaba Alice.

—Debes hacer algo para que el mundo sea más bello
— le decía el abuelo.

—Está bien— le decía Alice, pero no sabía lo que eso
podría ser.

Mientras tanto, Alice se levantaba, se lavaba la cara y
se desayunaba. Se iba a la escuela, regresaba a casa y
hacía su tarea. En muy poco tiempo ya había crecido.

Entonces, mi tía abuela, Alice, se determinó a hacer
las tres cosas que le había dicho a su abuelito que iba a
hacer. Salió de casa y se fue a vivir a otra ciudad lejos
del mar y del salitre. Ahí trabajó en una biblioteca,
quitándoles el polvo a los libros y acomodándolos.
También ayudaba a la gente a encontrar sus libros.
Algunos de esos libros trataban de lugares lejanos. Alice
ahora era conocida como la señorita Rumphius.

A veces iba al conservatorio que quedaba en medio
del parque. Al entrar en él un día de invierno, el aire
húmedo y caluroso la envolvía, y el aroma dulce de
jazmines la llenaba. —Esto es casi como una isla
tropical— dijo la señorita Rumphius. —Pero no es la
misma cosa.

Por lo tanto, ella se fue a una isla tropical donde la
gente tenía monos como mascotas. Caminaba por
playas largas, y recogía conchas hermosas.

Mi tía abuela, la señorita Alice Rumphius, escalaba
grandes montañas donde nunca se derretía la nieve.
Viajaba a través de las selvas y los desiertos. Al final,
llegó a un gran desierto, y ahí, bajándose de un
camello, se lastimó la espalda.

—Bueno— dijo la señorita Rumphius, —he visto
muchos lugares lejanos. Quizás sea tiempo de encontrar
un lugar cerca del mar.— Así fue y así lo hizo.

Desde el protal de su casa nueva, la señorita
Rumphius vio subir el sol. Lo vio cruzar el cielo y brillar
en el agua. Lo vio ponerse en la gloria de la noche.
Empezó un pequeño jardín entre las rocas que rodeaban
su casa y plantó unas cuantas semillas de flores en el
terreno rocoso. La señorita Rumphius estaba *casi*
comptetamente feliz.

—Aún queda otra cosa que necesito hacer— dijo la
señorita Rumphius. —Tengo que hacer algo para que el
mundo sea más hermoso. ¿Pero qué? El mundo ya es
muy bonito— pensaba ella, mirando hacia el mar.

La siguiente primavera, la señorita Rumphius se sentía muy mal. Le volvió a molestar la espalda y tenía que quedarse en cama casi todo el tiempo.

Las flores que había plantado el verano pasado habían salido y florecían a pesar del terreno rocoso. Podía verlas desde la ventana de su recámara, azules, moradas y rosadas. — Lupinas— dijo la señorita Rumphius muy satisfecha. — Siempre me han gustado las lupinas. Ojalá pudiera plantar más semillas este verano para así tener más flores durante el año entrante.— No pudo hacerlo.

Después de un invierno riguroso, llegó la primavera. La señorita Rumphius se sentía mucho mejor. Ya daba paseos de nuevo. Una tarde comenzó a subir una loma donde no había caminado durante mucho tiempo. —No puedo creer lo que veo— gritó cuando llegó a la cima. Al otro lado de la loma había un terreno grande de lupinas azules, moradas y rosadas.

—Fue el viento— dijo encantada. —¡Fue el viento que trajo las semillas desde mi jardín hasta aquí! ¡Y los pájaros también ayudaron! A mí me gustaría ayudar también. Me gustaría hacer el mundo más hermoso. Creo que sé cómo hacerlo.

Entonces la señorita Rumphius se apuró en llegar a su casa y sacó los catálogos de semillas. Pidió cinco canastos de semillas de lupinas al mejor almacén de semillas.

Durante ese verano, la señorita Rumphius caminó por los campos sembrando las lupinas. Llevaba sus bolsillos llenos de semillas mientras caminaba y las esparcía en las orillas de las carreteras y los caminos. Arrojó puñados de semillas alrededor de la escuela y detrás de la iglesia. Las esparció en lugares huecos y junto a las murallas de piedra.

En la próxima primavera habían lupinas por todas partes. Los campos y las laderas estaban cubiertas de flores azules, moradas y rosadas. Florecían al lado de las carreteras y los caminos. Se veían en agrupaciones alegres alrededor de la escuela y detrás de la iglesia.

¡La señorita Rumphius había logrado la tercerca y más difícil cosa de todas!

Mi tía abuela Alice, la señorita Rumphius, ahora está muy viejita. Su pelo está muy blanco. Cada año hay más y más lupinas. A veces mis amigos se encuentran afuera de su verja, deseando ver a la viejita que sembró los campos de lupinas.

Cuando los invita a pasar entran muy despacio. A veces ella les hace cuentos de lugares lejanos.

—Cuando yo crezca— le dijo, —yo también me iré a lugares lejanos y regresaré a casa a vivir cerca del mar.

—Está muy bien, pequeña Alice— me dice mi tía abuela, —pero hay una tercera cosa que tienes que hacer.

—¿Qué es eso?— le pregunto.

—Debes hacer algo para que el mundo sea más hermoso.

—Está bien— le dijo.

Pero todavía no sé qué será.

1. ¿Cómo adquirió la dama Lupina su nombre?
2. ¿Qué fueron las tres cosas que la señorita Rumphius deseaba hacer en su vida?
3. La señorita Rumphius cumplió su promesa a su abuelo. ¿Cómo lo hizo?
4. ¿Crees que la pequeña Alice será capaz de cumplir su promesa a su tía abuela? ¿Por qué?
5. ¿Cuándo supiste lo que la dama Lupina hizo para que el mundo fuera más bello?

Aplica tus conocimientos

Lee las siguientes oraciones de La señorita Rumphius. Busca las palabras que el autor usó para decirnos cuando alguna cosa sucedía.

1. Después de un fuerte invierno, la primavera llegó. La señorita Rumphius se sentía mejor.
2. En muy poco tiempo, ella creció.
3. La siguiente primavera, hubo lupinas por todas partes.

Organiza tu Ideas

En la historia, la señorita Rumphius viajó a muchos lugares lejanos antes de instalarse en la casa al lado del mar. ¿Qué crees tú que ella encontró en esos lugares? ¿Cuál lugar crees que sería el más interesante para visitar?

Redacta

Selecciona una de las siguientes actividades:

1. Imagínate que tú eres la señorita Rumphius. Escoge uno de los lugares lejanos que ella visitó. Escribe una carta a un amigo describiendo el lugar que has escogido. ¿Dónde es? ¿A qué se parece? ¿Qué has visto en este lugar?

2. Imagínate que tú te mudaste a una casa cerca del mar. Escribe una carta a un amigo contándole como se vive cerca del mar. Describe las diferentes cosas que puedes ver.

Revisa

Comprueba tu trabajo para asegurarte de haber incluido suficientes detalles en tu carta. Si es necesario hacer cambios, hazlos.

Los artistas le brindan al mundo belleza en muchas formas. ¿Cómo es que una autora y dibujante comparte esta belleza con todos?

Una entrevista con Barbara Cooney

adaptada de un artículo por Julia Smith

Barbara Cooney ha sido premiada como autora y dibujante de libros para niños. En 1983 ganó el American Book Award con su cuento *Miss Rumphius*.

Barbara Cooney también ha ganado dos premios Caldecott. El premio Caldecott se otorga cada año por las mejores ilustraciones en un libro para niños.

Mientras lees la siguiente entrevista, te sentirás como si estuvieras hablando directamente con Barbara Cooney. Descubrirás por qué esta creativa autora y dibujante decidió dedicarse a los libros para niños. También descubrirás cómo es ella en persona.

Pregunta: ¿Por qué decidió ser ilustradora de libros para niños?

Respuesta: Cuando era niña, me encantaba leer las novelas de serie. Éstas nunca terminaban y uno no tenía que despedirse de los personajes. Claro que también leía otros libros todo el tiempo. Los libros le ayudan a uno a crear imágenes en su imaginación.

Mi mamá era una artista a quien le encantaba pintar. Ella me ayudó a experimentar con los colores. Después de que terminé la escuela, yo sabía que quería pintar. Decidí que la ilustración de libros para niños sería lo que me permitiría ser lo más creativa.

Pregunta: ¿De dónde le vino la idea para escribir e ilustrar *Miss Rumphius?*

Respuesta: Mi esposo y yo estábamos construyendo una casa en Maine. Yo le pregunté a uno de pintores por qué habían tantas flores tan lindas creciendo por todos lados. Él me contó acerca de Hilda. Hilda era una verdadera Dama Lupina que plantaba lupinas. La historia comenzó a desarrollarse en mi imaginación hasta que un día me senté y la escribí. Tenía algo en la cabeza y tenía que sacarlo. *Miss Rumphius* fue el resultado.

Pregunta: ¿Puso algo de su propia vida en las ilustraciones para *Miss Rumphius*?

Respuesta: Le puse muchos de los detallitos que me hacen feliz. Estos son mi chal, mi sillón favorito y una foto de mi nieto. Yo no sé si otra gente se dará cuenta de estos detalles, pero a mí me hacen feliz.

Pregunta: Usted ha ganado dos premios Caldecott por sus ilustraciones. ¿Qué libros recibieron estos premios?

Respuesta: Me gané el premio Caldecott en 1959 por mis ilustraciones en *Chanticleer and the Fox*. Varias de mis primeras ilustraciones eran de animalitos. La gente te dará a dibujar cuentos de animalitos peludos, si sabes dibujar bien a los animalitos peludos.

Después, en 1980, gané un segundo premio Caldecott y esta vez por *Ox-Cart Man*. Pasé casi toda mi vida en New England. Ésta es la razón por la cual en ese libro pude pintar tan bien a un granjero y a su familia, al igual que a la plaza de mercado.

Pregunta: ¿Cómo comienza a ilustrar un libro?

Repuesta: Cuando yo comienzo a ilustrar un libro, comienzo con la primera página. Los libros son como las películas. La vista de uno se mueve de cuadro a cuadro en secuencia. Debo mantener esa secuencia en mente para mantener el interés de la vista del lector.

Primero hago lo que se conoce como un libro de muestra. Éste es una copia en borrador que nos da una idea de cómo será el libro. Luego comienzo las ilustraciones finales fijándome que los colores salgan tal y como los quiero, el tono perfecto. La cubierta es lo último que se hace. Ésta es como la etiqueta de una lata de tomates. No puedes poner un tomate en la etiqueta hasta que hayas metido un tomate en la lata.

Pregunta: ¿Qué más le gusta hacer además de trabajar en libros para niños?

Respuesta: Me encanta trabajar en el jardín, cocinar, tomar fotografías, viajar por el mundo y ser abuelita. Me encanta la vida y pienso vivir hasta los cien años.

Comentarios sobre la selección

1. ¿Qué dice la entrevista con Barbara Cooney sobre la forma en que ella comparte la belleza con otros?
2. ¿Por qué Barbara Cooney se convirtió en ilustradora de libros de niños?
3. ¿Qué premios recibieron los libros de Barbara Cooney?
4. ¿Por qué piensas que hay una entrevista con Barbara Cooney en este libro?
5. ¿Cómo te ayuda la entrevista a conocer a Barbara Cooney como persona?

Aplica tus conocimientos

Algunos temas son escritos para entretener y algunos son escritos para darnos información. Muchos temas pueden hacer ambas cosas. La entrevista con Barbara Cooney es agradable, a pesar de que el propósito es darnos información sobre ella.

Busca tres hechos acerca de la señora Cooney que salen en la selección.

Organiza tu Ideas

Imagínate que tú eres un escritor que está escribiendo un artículo sobre Barbara Cooney. ¿Cómo usarías la información de la entrevista en un artículo?

Redacta

Selecciona una de las siguientes actividades:

1. Usa la información dada en la entrevista sobre Barbara Cooney para escribir un párrafo objetivo. Escribe una oración tema para tu párrafo y apoyar la idea principal con por lo menos tres hechos sobre Barbara Cooney.
2. Piensa acerca de los pasos que Barbara Cooney dio al ilustrar un libro. Escribe un párrafo describiendo estas tres etapas. Recuerda escribir una oración que defina la idea principal.

Revisa

Comprueba tu trabajo para estar seguro que has copiado sólo la información correcta en tu párrafo. Si hay frases que no pertenecen al párrafo, quítalas. Si otros cambios son necesarios, hazlos.

Pensando en la belleza

La belleza está en todas partes. Puede haber belleza en la naturaleza en un relumbrante atardecer, o en una loma llena de lupinas que dejó la señorita Rumphius. Puede ser una canción que oyes en el radio a la música que hizo Andro para Ty y sus amigos.

Piensa cómo usaron el lenguaje animado algunos de los autores para ayudarte a ver y oír sus palabras. ¿Cómo hicieron sus cuentos más interesantes?

Piensa acerca de la gente que conociste en la Belleza quienes hicieron el mundo más bello en su manera especial. Recuerda cómo compartieron sus sentimientos por medio de la naturaleza y la música. ¿Crees que querían que tú también conocieras la belleza de la vida?

¿Qué aprendió la Reina del verdadero significado de la belleza? ¿Cómo expresa Barbara Cooney sus ideas acerca de la belleza para sus lectores? ¿Cómo te han enseñado los cuentos que puedes encontrar belleza dondequiera si miras y escuchas con cuidado?

La forma en que miras algo te ayuda a decidir si tiene belleza o no. Mientras lees otros cuentos, decide cómo te ayudan los personajes a encontrar otros modos de ver la belleza.

1. El tema de «Belleza» es que existen personas que le traen belleza al mundo. ¿Qué personajes en esta unidad hicieron el mundo un lugar más bello?

2. ¿De qué manera se hizo al mundo un mejor lugar en *El gran azul, Ty, el hombre orquesta, Blanca Nieves y sus Amigos* y *La señorita Rumphius*?

3. ¿Te gustaría oír una orquesta como la de Ty o ver un campo de lupinas? ¿Por qué?

4. ¿Por qué piensas que el Espejo en *Blanca Nieves y sus Amigos* le dice la verdad a la reina?

5. ¿Cuál es la mejor expresión de belleza que tu conoces? ¿Hay algo en estas historias que se compare a ésta?

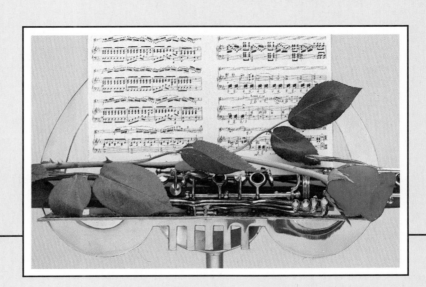

Lectura independiente

Fábulas de Esopo adaptación de Harold Jones. Promexa. Colección de narraciones en verso, cuyos personajes son animales que hablan y se comportan como personas.

El aula voladora por Erich Kästner. Alfaguara. Uno de los libros más leídos por generaciones de niños alemanes. Relata las aventuras de unos niños en un internado.

Aladino adaptación de Andrew Laing. Promexa. Es la historia de Aladino y su lámpara maravillosa, que le permite realizar todos sus deseos.

El ciervo que fue a buscar la primavera por Enric Larreula. Vergara. Cuento naturalista sobre un ciervo que extraña la primavera. Trae bellas ilustraciones realistas.

Yo también quiero tener hermanos por Astrid Lindgren.
Juventud. Un niño quiere tener un hermanito.
Cuando finalmente llega una hermanita, se siente
muy celoso.

Perros por Alex Marchant. Plaza y Janés. Una
descripción general de las distintas razas de
perros. Describe su origen y sus costumbres.

El país de los Trolls por Edward Marshall, Flora Casas.
Alfaguara. ¿Quiénes son los Trolls? ¿Dónde
viven? Un día una niña se atreve a viajar al país
de los Trolls.

Mi mamá la cartera por Inez Maury. Feminist Press.
Una niña de cinco años describe el afecto que la
une a su madre, quien reparte correspondencia.

Unidad 4

Las marcas

En años atrás cuando no había señales por los caminos, se ponían piedras grandes al lado del camino para marcar la distancia. Éstas se llamaban marcas. Hoy en día, la palabra marca también tiene el significado de un acontecimiento importante en la vida de una persona.

Imagina cómo sería vivir en el pasado y viajar por el desierto. Piensa cómo se sentiría ser diferente a todos en la escuela. Piensa en cómo sería el hacer algo que nadie ha hecho antes.

Mientras leas las selecciones de esta unidad, descubrirás cómo algunos personajes han hecho contribuciones importantes a nuestro mundo. ¿Cuáles marcas encontraron los personajes?

Hay muchos cambios en la vida de Anita. Ella tiene que ser muy valiente para enfrentarse a los cambios. ¿Cómo se beneficia Anita de sus experiencias?

La decisión de Anita

por Virginia D. Vigil

Los padres de Anita trabajan en el campo. Cuando llega el tiempo para recoger la cosecha, sus padres van a la siembra y trabajan mucho. Algunas veces recogen frutas tales como naranjas, uvas, manzanas y duraznos. En otros sembrados tienen que recoger legumbres tales como lechuga o tomates.

En su tiempo libre Anita y sus hermanos trabajan en el campo con sus padres. Aunque a veces tiene que trabajar mucho a Anita le gusta ayudar a sus padres.

Anita es muy buena estudiante. Le gusta leer mucho sobre las plantas. Durante el tiempo de clases Anita ayuda a sus padres en las tardes y los fines de semana.

El único problema de Anita es que tiene que cambiar de escuela muy a menudo. Su familia tiene que seguir la cosecha de un pueblo a otro, de un estado a otro.

A pesar de que Anita es muy inteligente y muy simpática, es muy tímida. Cada vez que tiene que ir a

una escuela nueva le da un poco de miedo ya que no conoce a nadie y tendrá que adaptarse de nuevo. Pero con la ayuda de sus maestros y sus nuevos compañeros muy pronto tiene muchos amigos con quienes puede estudiar y jugar.

Pero tan pronto empieza a acostumbrarse a un lugar, su papá le dice que es tiempo de mudarse otra vez. Esto la entristece mucho pues tendrá que volver a dejar a sus nuevos amigos. Será otra experiencia nueva para Anita. Conocerá a otros niños diferentes, a otros maestros y aprenderá más sobre las diferentes clases de siembras.

En una ocasión su familia se mudó a un pueblo muy bonito en las montañas. Fueron allí para cosechar cerezas. Había mucho trabajo para todos.

El papá de Anita la acompañó a la escuela el primer día de clases. Anita se sentía muy triste porque no conocía a nadie, pero sabía que era muy importante ir a

la escuela. Aunque todavía no había decidido cuál carrera iba a escoger se había propuesto que sería una carrera relacionada con la Ciencia. Ella sabía que para lograrlo tendría que estudiar mucho. Sus padres la animaban a que aprovechara los estudios pues ellos sabían que ella era muy estudiosa y que podría lograr lo que se proponía.

El primer día de clases su profesor, el señor Montoya presentó a Anita a los otros estudiantes.

—Clase, les quiero presentar a la nueva alumna— dijo el señor Montoya. —Se llama Anita Rivera y va a estar con nosotros por un buen tiempo. Espero que a la hora del recreo se conozcan mejor y puedan jugar juntos.

—La clase de Ciencia de hoy trata sobre las plantas y de cómo éstas crecen— dijo el profesor. —¿Quién sabe qué clases de plantas crecen el el clima frío?

Anita siempre había tenido un interés especial en las plantas. En las siembras Anita ha aprendido mucho de cómo crecen las plantas, del clima que necesita cada tipo de planta y sobre el cuidado que hay que darles para obtener buenos frutos.

Muy tímidamente Anita levantó la mano y comentó sobre todo lo que había aprendido en los campos donde había trabajado con sus padres. Habló de las clases de frutas y vegetales que conocía. También de los diferentes terrenos y cuáles son buenos para la siembra. Finalmente explicó sobre los frutos que crecen en el clima frío y en el clima cálido.

El señor Montoya quedó muy satisfecho con los conocimientos de Anita sobre las plantas. Todos los niños también estuvieron muy atentos a las explicaciones de Anita.

Esa tarde el señor Montoya elogió a Anita por sus buenos comentarios. Anita le explicó que a ella le gustaba mucho las ciencias pero que estaba indecisa de cuál carrera escogería. El señor Montoya le dijo que

habían muchas carreras relacionadas con el estudio de las plantas.

—Entre ellas hay una especialización en Botánica. —dijo su profesor. —Estoy seguro que serías muy buena en el estudio de las plantas.

—Es cierto me interesan mucho las plantas. ¡Ya sé cuál carrera voy a escoger! Seré una Especialista en Botánica.

Camino a su casa Anita pensaba muy seriamente sobre lo que su profesor le había dicho. También pensó en lo mucho que había aprendido al trabajar en el campo con sus padres.

Cuando llegó a su casa su papá le preguntó cómo le había ido hoy en la escuela.

—Papá, hoy fue un día muy especial para mí— dijo Anita muy animada. —Voy a aprender mucho en mi clase y también en la siembra. Ya sé qué carrera escogeré. Seré una Especialista en Botánica.

Papá y Mamá sabían que Anita lo lograría. Con su interés algún día sería una Especialista en Botánica.

Comentarios sobre la selección

1. ¿Qué hacen los padres de Anita para ganarse la vida?
2. ¿Por qué se muda la familia de Anita de un lugar a otro? ¿Sobre qué aprende Anita cuando trabaja en el campo?
3. ¿Cómo se siente Anita cuando tiene que ir a otra escuela nueva? ¿Por qué?
4. ¿Cómo fue el primer día en la escuela nueva de Anita? ¿A qué la animó su profesor?
5. ¿Qué carrera decidió Anita que escogería? ¿Por qué?

Aplica tus conocimientos

Cuando leemos un cuento, aprendemos de los personajes. En seguida hay descripciones de los personajes principales en el cuento. Decide a quién se describe.

1. es muy buena estudiante
2. es profesor simpático
3. quiere ser Especialista en Botánica
4. presenta a la nueva alumna
5. es muy valiente en nuevas situaciones

Organiza tu Ideas

Podemos saber lo que va a hacer alguien cuando sabemos lo que ha hecho antes en la misma situación. Podemos *deducir* como va a reaccionar. En seguida hay una descripción de cómo es Anita.

Anita ayuda a sus padres en el campo. Le gusta estar con su familia. Es muy valiente cuando va a una escuela nueva. No conoce a nadie, pero muy pronto tiene amigos porque es muy simpática e inteligente.

Redacta

Escoge una de las actividades que siguen:

1. Busca más oraciones que describan a Anita. Escribe una lista de características de esta niña.
2. Crea una situación nueva para Anita. Imagina cómo va a reaccionar en esta situación nueva. Usa todas las características que tiene ella.

Revisa

Lee lo que has escrito. Haz cambios si son necesarios.

Al leer esta selección, verás cómo la tecnología moderna cambia la vida de los pueblos.

Santo Tomás, El Nuevo

por Francisco J. Perea

Visitar el pueblito de Santo Tomás de los Plátanos es como pasearse por las páginas de un libro de cuentos infantiles. Pero la diferencia es que el pueblito no es una fantasía, sino una realidad.

Santo Tomás de los Plátanos (conocido como Santo tomás el Nuevo) está a unas 100 millas (160km.) de la ciudad de México. Se llega por tres de las carreteras más bonitas de todo el país.

La primera, de unas 40 millas (64km.), atraviesa las montañas que rodean la ciudad de México. Es una zona fría; el paisaje es de inmensos bosques de pinos, pequeñas mesetas, entonces el viajero llega a la ciudad más alta de México, llamada Toluca. Está situada a 8,700 pies (más de 2,600m) sobre el nivel del mar.

Se sale de Toluca por otra carretera que va bajando entre valles y montañas. Son unas 45 millas (72km.) en medio de arboledas y plantíos. El clima es más tibio. Esta carretera lleva a un inmenso lago llamado «Valle de Bravo», en medio de montañas. Ahí se practican deportes de esquí acuático, carreras de veleros, de regatas y otros. La hermosa cascada de *Avándaro* que baja de las montañas, alimenta el lago.

El viajero está a unas 15 millas (24km.) de Santo Tomás el Nuevo. Esta última carretera pasa por terreno también que

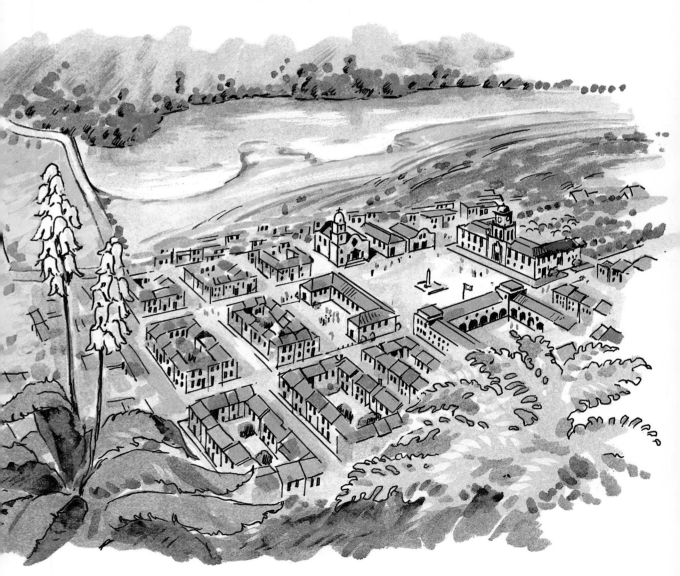

es montañso, pero mucho más bajo. Las plantas son ya de clima cálido. Después de unas curvas del camino, aparece el pueblito. Todo en él es nuevo: las calles, las casas, las tiendas, el cine . . .

Este pueblito nació en unos pocos años. La gente vivía en el valle más abajo. Pero en México, la electricidad necesaria para las ciudades y las fábricas se produce con caídas de agua que mueven grandes generadores. El valle de Santo Tomás el Viejo se necesitaba para que el agua del gran lago cayera en una presa más baja. Después de esa presa, aprovechando el desnivel del terreno, podía dejarse caer el agua a otra presa más baja aún, para producir más electricidad, y así sucesivamente.

El gobierno federal compró el valle a los habitantes para inundarlo y convertirlo en la gran presa, y les construyó un pueblo nuevo, con casas cómodas y bonitas, en un sitio más alto, en la ladera de la montaña.

Así nació, en unos pocos años, el pueblito de Santo Tomás de los Plátanos más conocido como Santo Tomás el Nuevo.

Los habitantes siembran plátano, y bajo los platanares, plantas como el café, que necesitan sombra. Sus nuevas casas son de ladrillo, pintadas de blanco y otros colores suaves, con techos de teja roja. Parecen casas de muñecas puestas allí por niñas.

Los ingenieros hicieron grandes cortes en la montaña para formar terrenos planos o terrazas, donde poder poner las construcciones. En el corte más grande está la Plaza mayor, el centro del pueblito. Tiene sus portales, con el palacio de gobierno. Hay un gran reloj, que se oye en todo el pueblo, y en medio, un parque con árboles y prados.

En las tardes, mucha gente va a sentarse al parque a ver la puesta del sol. Luego se prenden las luces y las parejas de jóvenes se pasean por el parque.

De Santo Tomás el Viejo queda sólo el recuerdo. La gente vive contenta en sus nuevas casas, cómodas, bonitas y saludables.

Una gran parte del país tiene que agradecer mucho a los habitantes de Santo Tomás. Gracias a ellos tienen luz y electricidad.

Comentarios sobre la selección

Piensa bien en lo que acabas de leer, y trata de responder a estas pregunta, de acuerdo con lo que has aprendido en la selección.

1. ¿Por qué el pueblito se llama Santo Tomás «el Nuevo»?

2. ¿Cuánto crees que tarda una persona en llegar desde la ciudad de México a Santo Tomás «el Nuevo», en su automóvil?

3. ¿Qué tiene de especial Santo Tomás «el Nuevo», comparado con otras poblaciones?

4. ¿Para qué quiso el gobierno federal inundar el antiguo valle, formando una presa?

5. ¿Cuál es la ciudad más alta de la República Mexicana?

Aplica tus conocimientos

¿Qué te parece más admirable en la selección que acabas de leer, la obra del gobierno o el sacrificio que hicieron los habitantes del antiguo pueblito? ¿Por qué? Escoge tres oraciones o frases que te parezcan difíciles en la selección. Estúdialas, para ver en qué está la dificultad y pregúntale a la maestra de qué otro modo podría decirse.

Organiza tu Ideas

Supón que puedas darte un paseo en una máquina del tiempo. ¿A qué año te gustaría viajar? ¿Te gustaría viajar en el tiempo hacia atrás o hacia adelante? ¿Por qué? ¿Qué cosas en tu vida serían distintas?

Redacta

Imaginate que tienes una máquina del tiempo. Escoge el tiempo y el lugar al que te gustaría viajar. Escribe un párrafo que describa cómo es la vida de ese entonces. Relata cómo las cosas son distintas en ese tiempo y lugar en comparación de cómo son las cosas en tu vida en el presente.

Revisa

Lee tu párrafo para asegurarte que incluiste toda la información requerida en esta actividad. Si se necesitan cambios, hazlos.

Mapas

La clase del tercer grado del señor Calderón hizo un viaje al pueblo de «Santo Tomás, El Nuevo». Cuando llegaron al pueblo, el señor Calderón se detuvo frente al palacio municipal del pueblo para recoger un mapa que le ayudara al grupo a conocer mejor el pueblo. Dicho mapa se encuentra en la siguiente página.

Mira al mapa de la págin 249. Muestra todo lo que «Santo Tomás, El Nuevo» tiene, además contiene indicaciones para las cuatro secciones. Nota que hay un mapa pequeño colocado en un ángulo del mapa grande. Este pequeño mapa se llama **mapa insertado.** El mapa insertado toma la posición del mapa, y agranda esa parte para mostrar más detalles. En el mapa de «Santo Tomás, El Nuevo» la inserción muestra en detalle la sección llamada *centro del pueblo*. Ésta indica y señala las casas y edificos que se encuentran allí.

Usa el mapa de «Santo Tomás, El Nuevo» y el mapa insertado para contestar las siguientes preguntas:

1. ¿Qué edificio está entre el banco y la iglesia?
2. ¿Qué edificio está junto al palacio municipal?
3. ¿Qué hay entre el banco y la estación de policía?

Durante muchos años, se han contado leyendas acerca de John Henry. ¿Por qué recordamos tanto a John Henry?

John Henry

por Ann Maley

En la década de 1870, un hombre llamado John Henry vino de Tennessee para trabajar como una persona que remacha los pernos de acero, los cuales unen a los rieles con las vigas de madera, para los ferrocarrriles de Chesapeake y de Ohio en Virginia Occidental. John Henry ayudó a construir el túnel del Big Bend que atraviesa las montañas de Virginia Occidental. Él murió construyendo ese túnel después de comprobar que una máquina no podía competir con él remachando los pernos de acero.

Desde entonces, la gente ha compuesto canciones e inventado historias o leyendas acerca de John Henry, el hombre que remachaba los pernos de acero. La gente recuerda a John Henry como el hombre fuerte y valiente que tuvo suficientes fuerzas para decir «Yo puedo hacerlo». Esta es una de las muchas versiones de la historia de John Henry.

Al poco tiempo de haver nacido John Henry, él trató de alcanzar el martillo de su papá, el cual estaba colgado en la pared.

El papá de John Henry miraba con orgullo a su hijo. —Ese muchacho va a ser un gran trabajador para los ferrocarriles— dijo. —Lo sé tan bien como sé que los ríos desembocan en el mar.

John Henry tenía pocas semanas de haber nacido cuando levantó el martillo que pesaba cinco libras y lo osciló en el aire. ¡Shuuush, shuuush, shuuush!

John Henry apenas tenía dos meses cuando empezó a usar el martillo para pegarle a las rocas en el traspatio. ¡Pum, pum, pum! . Entonces le dijo a su mamá —Yo nací con un martillo en la mano. Yo nací para ser un gran trabajador para los ferrocarriles.

Cuando era un hombre joven, John Henry medía ocho pies de altura y tenía los brazos tan enormes como los troncos de los árboles. Él ayudaba a su mamá en la casa y a su papá en la granja. Podía trabajar más duro y jugar más recio que cualquier otro en los alrededores. No pasó mucho tiempo cuando comenzó a pensar en salir al mundo por sí mismo.

Frecuentemente John Henry se acostaba en su cama durante la noche y oía los sonidos largos y solitarios de los trenes que pasaban. Soñaba con trabajar en un ferrocarril en cualquier lugar, usando su gran martillo para remachar los pernos de acero.

Una noche John Henry le contó a sus padres acerca de un sueño que tuvo. —Yo estaba trabajando en el ferrocarril— dijo John Henry. —Yo estaba oscilando mi gran martillo y remachando los pernos de acero hasta el suelo. Cuando lo oscilé en el aire, un arco iris envolvió mis hombros. Cuando mi martillo le dio al perno, salieron chispas volando hacia el cielo.

A la siguiente mañana, John Henry se despidió de sus padres. Entonces se fue a caminar su propio sendero en el mundo. Él sabía que podría hacer cualquier tipo de trabajo y hacerlo bien. Él sólo tendría que encontrar el tabajo apropiado.

John Henry encontró su primer trabajo en las granjas y en los campos de algodón. Fue el mejor de los que recogian el algodón del Sur. Él podía recoger tres paquetes de algodón al día más que cualquier otro. Él quería un trabajo que pagara mejor y se consiguió un trabajo en un barco que acarreaba bienes de lugar en luagr. Aún, así, se la pasaba pensando en aquel martillo y esperando su hora.

Durante el tiempo que trabajó en el barco, John Henry oyó decir que necesitaban trabajadores en el Ferrocarril de Chesapeake y de Ohio. Querían hombres fuertes que pudieran construir el túnel del Big Bend que atravesaba las montañas en Virginia Occidental. John Henry dejó su trabajo en el barco y se encaminó a Virginia Occidental.

En su viaje, conoció a una muchacha llamada Polly Ann. Era la muchacha más bonita que había visto. Pronto él y Polly Ann se casaron y se fueron a Virginia Occidental. Mientras caminaban por las montañas, John Henry oyó un dulce sonido. —Escucha Polly Ann— le dijo. —¡Es el sonido de los martillos golpeando el acero!— Siguieron los sonidos hasta que por fin llegaron. —¡Ahí estaba el ferrocarril C & O! Las vías del tren llegaban hasta el pie de una enorme y pedregosa montaña y ahí se terminaban.

John Henry miraba a los trabajadores mientras trabajaban. Vio a un hombre llamado *el temblador* sostener un perno de acero en su lugar encima de la piedra. Él vio cómo otro hombre oscilaba su martillo de diez libras en el aire y remachaba el perno de acero en la piedra. Cada vez, el hombre remachaba más adentro los pernos de acero. Cuando el hoyo era lo suficientemente profundo, otro hombre lo llenaba de explosivos. Así fue como, poco a poco, se abrió el túnel en la montaña.

John Henry se acercó al jefe, el capitán Tommy, y le dijo —Yo soy John Henry, el mejor remachador pernos de acero y estoy buscando trabajo.

—Eres enorme, pero ¿qué sabes tú acerca de esto?— preguntó el capitán Tommy.

—Yo soy un hombre con disposición natural— contestó. —Remachar es algo natural en mí.

—Entonces levanta este martillo de veinte libras— le dijo el capitán Tommy. —Veremos lo que puede hacer un hombre con dispocisión natural. Te daré a el pequeño Will, para que sostenga el perno.

Mientras el pequeño Will sostenía el perno, John Henry osciló el martillo de veinte libras por encima de su cabeza. Lugo bajó el martillo y cayó justo en el centro de la cabeza del perno, remachando al perno a la mitad de la piedra. John Henry osciló una vez más y esta vez el perno penetró la piedra.

El capitán Tommy no podía creer lo que veía. —Nunca vi a un hombre remachar a un perno tan profundamente en dos golpes— dijo el capitán. —John Henry ¡quedas contratado!

El pequeño Will y John Henry trabajaron juntos todos los días. John Henry oscilaba su gran martillo y Will sostenía los pernos. John Henry cantaba mientras trabajaba y Will cantaba con él:

No hay martillo en esta montaña
Que resuene como el mío, muchachos,
que resuene como el mío
Este querido martillo, resuena como la plata, brilla como el oro, muchachos, brilla como el oro.

Al cabo de un tiempo, John Henry comenzaba a oscilar dos martillos uno en cada mano. La gente venía de lejos a verlo trabajar y a oírlo cantar.

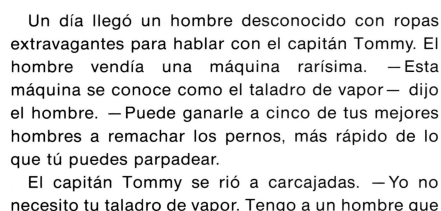

Un día llegó un hombre desconocido con ropas extravagantes para hablar con el capitán Tommy. El hombre vendía una máquina rarísima. —Esta máquina se conoce como el taladro de vapor— dijo el hombre. —Puede ganarle a cinco de tus mejores hombres a remachar los pernos, más rápido de lo que tú puedes parpadear.

El capitán Tommy se rió a carcajadas. —Yo no necesito tu taladro de vapor. Tengo a un hombre que puede ganarle a diez hombres y a cualquier máquina que se haya inventado.

—Quizás quieras hacer una apuesta— contestó el hombre. —Tu hombre competirá con mi máquina un día entero. Si tu hombre gana, yo te regalaré la máquina de vapor. Si la máquina de vapor gana, tú serás el primero que me la pague.

El capitán Tommy y John Henry lo discutieron. John Henry dijo —Yo le ganaré a su taladro de vapor o moriré con el martillo en la mano.

El día de la competencia, John Henry y Will tomaron sus posiciones en un lado del túnel.

El taladro de vapor estaba del otro lado. Polly Ann se reunió con la gente que se aglomeraba a la entrada del túnel para ver. Cuando el juez sonó el silbato, la competencia comenzó. Pronto, el túnel se estremecía con los chugs, chugs del taladro y los shuuush, shuuush y los pum, pum del martillo de John Henry golpeando contra el acero.

La competencia continuó dentro del caliente y oscuro túnel. La montaña entera resonaba con los chug y los pum del hombre y la máquina remachando los pernos de acero. La máquina se descompuso tan sólo una vez y se le reemplazó una pieza desgastada. John Henry tan sólo se detuvo una vez para tomar un vaso de agua.

Justo cuando parecía que el ruido no se acabaría jamás, el juez sonó el silbato. La competencia se había terminado.

El juez examinó los hoyos y declaró —John Henry excavó el mayor número de hoyos y los más profundos. ¡Él ha derrotado a la máquina!— la gente aplaudía y se regocijaba.

Polly Ann corrió hacia John Henry y lo encontró recostado en el suelo con su martillo en la mano. El doctor que lo examinó dijo —Su corazón acaba de pararse. John Henry murió con el martillo en la mano.

1. ¿Por qué es que la gente recuerda a John Henry?
2. ¿Qué sucedió cuando John Henry compitió con el taladro de vapor?
3. ¿Quién crees tú que en realidad ganó la competencia? ¿Por qué?
4. ¿Qué piensas tú que quiso decir John Henry cuando dijo «Yo soy un hombre con disposición natural»?
5. Busca dos ejemplos del vocabulario colorido que el autor utilizó en esta historia.

Aplica tus conocimientos

Hemos aprendido que la historia de *John Henry* es un cuento exagerado, o sea, es una historia que no es de verdad. Los personajes son exageradamente más grandes, más rápidos o más fuertes de lo que pueden ser en la vida real. Por ejemplo, nosotros sabemos que John Henry no pudo haber levantado un martillo de cinco libras cuando tenía tan sólo unas cuantas semanas de haber nacido.

En la página 251, encuentra por lo menos dos cosas que hacen de *John Henry* un cuento exagerado.

Organiza tu Ideas

Piensa en por qué *John Henry* es un cuento exagerado. Ahora, piensa en escribir un cuento exagerado por ti mismo. ¿Quiénes serían los personajes que elegirías? ¿Qué tipo de cosas, dos en especial, sería capaz de hacer tu personaje que no se podría hacer en la vida real?

Redacta

Escoge una de las actividades siguientes:

1. Escribe otro cuento exagerado sobre John Henry. En tu propia historia, relata otras hazañas que John Henry puede hacer que un personaje en la vida real no puede hacer.
2. Escribe otro cuento exagerado sobre un personaje ficticio. Asegúrate que incluiste suficientes ideas y detalles para hacer un cuento exagerado de tu relato.

Revisa

Revisa tu trabajo para asegurarte que has escrito un cuento exagerado. Tu cuento debe tener un principio, una parte en que se desarrolle el tema, y un final. Para el lector tu cuento debe tener sentido, aunque sea exagerado. Si necesitan hacerse cambios, hazlos.

No se puede hacer

por Edgar A. Guest

adaptación al español por M. E. Echeandía

No se puede hacer, alguien dijo
    Pero él constestó
«A lo mejor no,
    Pero voy a tratar de todos modos».
Se sonrió. Trató.
    Si temía fallar, no lo mostró.
Empezó a cantar, trató,
    Y lo que no se podía hacer, lo logró.

Causa y efecto

En algunos cuentos, los autores te dicen cómo una cosa es la causa de otra. La **causa** te dice por qué otra cosa sucede. El **efecto**, o el resultado, es lo que sucede.

Lee las siguientes oraciones. Luego lee las respuestas a las siguientes preguntas.

Todos los días Louis se entrenaba para arrojar la pelota de béisbol. Se convirtió en muy buen lanzador.

¿Qué es lo que sucedió a causa de que Louis se entrenó todos los días? Se convirtió en muy buen lanzador. El hecho de que *él se convirtió en un buen lanzador* es le efecto. ¿Por qué sucedió esto? Louis se entrenaba arrojando la pelota todos los días. *Se entrenaba todos los días* es la causa por la cual Louis se convirtió en un buen lanzador.

En las oraciones acerca de Louis hubo una causa que resultó en un efecto. Frecuentemente existen diversas causas que resultan en un efecto.

Lee el siguiente cuento. Busca las tres causas que resultan en un efecto.

Katie se iba a encontrar a mediodía con su amiga Jenny para almorzar juntas.

Cuando Katie salía de su casa, sonó el teléfono. Habló durante diez minutos. Después, corrió a su carro y se dio cuenta que la llanta estaba desinflada. Le tomó veinte minutos cambiar la llanta. Cuando Katie llegó al restaurante, no había estacionamiento cercano, así es que se estacionó a tres cuadras del restaurante. Cuando se fijó en la hora, se dio cuenta que ya era la una de la tarde. Katie tenía una hora de retraso.

¿Qué pasó en este cuento? Katie se retrasó una hora para el almuerzo. Éste es al *efecto*. ¿Cuáles son las tres razones que causaron el retraso de Katie? Ella habló por teléfono, se le desinfló una llanta y no pudo encontrar estacionamiento cercano.

Recuerda que los autores usan causa y efecto para conectar ideas. Recuerda también que diversas causas pueden resultar en un efecto. El buscar las relaciones de causa y efecto te ayudará a entender mejor lo que lees.

Ir a una escuela nueva causa problemas especiales para Mike. ¿Quién ayuda a Mike a resolver algunos de esos problemas? ¿Cómo lo hace?

Un concurso

por Sherry Neuwirth Payne

Mike tiene diez años. Está en quinto grado. Él iba a una escuela especial donde todos sus amigos tenían muletas o sillas de ruedas iguales a las de él. Sus amigos y él se divertían mucho haciendo cosas en las sillas de ruedas. A veces hasta tenían carreras en las sillas de ruedas. A Mike le gustaban las carreras y los juegos.

Lo que no le gusta a Mike es la gente que se le queda mirando. Las piernas de Mike no son normales. Tiene que usar aparatos ortopédicos en las piernas. Ya que Mike no puede utilizar sus piernas, siempre va a necesitar una silla de ruedas.

En su nueva escuela, Mike necesita ayuda con algunas cosas. Los cartones de leche en la cafetería están fuera de su alcance en la silla de ruedas. Mike también necesita ayuda con las puertas. Al principio tenía miedo de pedir ayuda. Parecía que todos se le quedaban mirando fijamente.

El primer día de clases, un niño que se llamaba Randy agarró la cachucha de béisbol de Mike y se fue corriendo con ella. Mike odiaba su nueva escuela.

Cuando Mike le contó esto a su papá, el papá le dijo: —No va a ser fácil, ¿verdad? Necesitas aprender a vivir con todo tipo de gente. Un buen lugar para comenzar a aprender es la escuela.— Mike le dijo que seguiría asistiendo a sus clases pero que no le gustaban.

La maestra de Mike las señora Kocher, notó su cara triste, y un día le pidió que se quedara después de la escuela.

—Mike— le dijo —no te gusta mucho esta escuela, ¿verdad?

—Claro que no, señora Kocher— le dijo Mike. —Soy el único niño en silla de ruedas. Me siento tan diferente.

—Ya me imagino— le dijo le señora Kocher. —Lo que necesitamos es enseñarles a los niños las formas en que no eras diferente. Tengo una idea. ¿Qué puedes hacer bastante bien?

—Bueno, soy muy bueno para jugar a las damas— le dijo Mike. —Juego con mi papá casi todos los días, y también soy muy bueno para la lucha libre con las manos.

—¿De veras?— le dijo la señora Kocher. —Quizás esa sea la cosa. Podemos tener un concurso. Hay muchos niños muy fuertas en la clase, especialmente Randy.

—Estoy seguro que puede ganarle si usted me da la oportunidad— le dijo Mike.

—¿Por qué no juegas conmigo primero?— le dijo la señora Kocher. —A ver si me puedes ganar.

No se demoró mucho tiempo Mike en bajarle el brazo a la señora Kocher. Ella parecía estar un poco sorprendida. Luego le guiñó el ojo a Mike. —A la lucha libre, pues— le dijo con una sonrisa.

Al día siguiente cuando todos estaban en sus pupitres, la señora Kocher les preguntó: —¿A quién le gustaría jugar a la lucha libre con las manos hoy? — Todos los niños en el salón —de clase levantaron la mano.

—Está bien. Susan y Mary, ¿les gustaría empezar? Susan y Mary se sentaron en la mesa cara a cara.

Pusieron los codos en la mesa y se agarraron de la mano.

—Uno, dos y tres, ¡ya!— les dijo la señora Kocher.

Cada alumno tomó su turno con el ganador. Randy ganó su primer partido fácilmente. Ganó todas las demás después de esa también. Finalmente todos habían tomado su turno y Randy todavía estaba en la mesa.

—Ahora te toca a ti, Mike. ¿Te gustaría intentarlo?— le preguntó la señora Kocher.

—¿Juar a la lucha libre con él?— le preguntó Randy. —Puede ser que lo lastime.

—Pruébame— le dijo Mike. Estaba nervioso, pero le sonrió a Randy.

Al principio parecía que Randy tenía miedo de tocar a Mike. Pero se agarraron de las manos y pusieron los codos en la mesa.

—Uno, dos y tres, ¡ya!— dijo la señora Kocher. Mike le empujó el brazo a Randy hacia la mesa en un segundo. Randy se quedó sorprendido.

—Yo no quería lastimarte— le dijo Randy. — Vamos a hacerlo de nuevo.

La segunda vez fue un poco más duro, pero finalmente Mike le empujó el brazo a Randy de nuevo. Mike se sentía bien por dentro. También sentía miedo. Qué tal si Randy se enojara porque él le había ganado.

—Tengo los brazos muy fuertes a causa de empujar mi silla de ruedas por dondequiera— le dijo Mike a Randy.

—¿De veras?— le dijo Randy.

—Parece que el campeón de la lucha libre de esta clase es Mike Stevens— anunció la señora Kocher.

—Mañana tendremos el concurso de damas.

Al final del día Randy se acercó a Mike y le dijo: —Supongo que también eres bueno para las damas.

—Juego bien— le dijo Mike. —En la otra escuela —jugábamos a las damas todos los días.

—Bueno, tú habrás ganado la lucha libre de las manos, pero yo juego a las damas con mi hermana. Siempre le gano.— Randy se fue con sus amigos.

Al día siguiente, Susan se sentó al lado de Mike durante el almuerzo. —¿Quieres que te empuje a clase?— le preguntó.

—Gracias, pero yo mismo puedo hacerlo— le contestó Mike. —Pero sí me gustaría tu compañía.

—¿Eres tan bueno como para ganarle a todos a las damas?— le preguntó Susan.

—Bueno, voy a intentarlo— le dijo Mike.

El concurso de damas empezó después del almuerzo. Mike pensó sobre todos los movimientos que hizo. Finalmente, sólo quedaban Mike y Randy. Cuando terminaron, la señora Kocher anunció el ganador.

—Mike Stevens es nuestro campeón de damas. Si embargo, tú se lo hiciste difícil, Randy.— Ella les sonrió a los —dos. Randy también se sonreía.

—¿Qué más puedes hacer?— le preguntó Randy a Mike.

1. ¿Por qué no le gustó a Mike su nueva escuela?
2. ¿Cómo es que la señora Kocher ayudó a Mike?
3. ¿Qué es lo que pasó que hizo que Mike cambiara en su manera de sentir?
4. ¿Qué tipo de persona piensas que es Mike?
5. ¿Cuándo te diste cuenta que Mike ganaría la lucha libre de manos?

Aplica tus conocimientos

Cuando leemos una historia, aprendemos que ciertas cosas son la causa de otras. En *Un Concurso* hay muchas causas y muchos efectos. Lee cada causa a continuación. Di cuál es el efecto de cada causa. Usa la historia como guía. Luego, encuentra otra causa y otro efecto en la historia. Prepárate para hablarle a la clase acerca de esto.

1. Porque Mike no puede usar las piernas, entonces él _____.
2. Porque la señorita Kocher se dio cuenta de la cara triste de Mike, entonces ella _____.
3. Mike era muy bueno para el juego de damas porque _____.
4. Mike era muy bueno para las competencias de lucha libre de manos porque _____.

Organiza tu Ideas

En *Un Concurso*, un niño llamado Mike tenía que usar una silla de ruedas porque sus piernas no son normales. El *efecto* es lo que sucedió: *Mike tenía que usar una silla de ruedas*. La causa es por qué sucedió: *Las piernas de Mike no son normales*.

Redacta

Selecciona una de las actividades siguientes:

1. Lee el siguiente efecto: *Mike odiaba su nueva escuela*. Escribe un párrafo que describa la causa por la cual Mike odiaba su escuela. Relata por lo menos tres causas por las que no le gustaba su nueva escuela.
2. Al final de la historia, Randy le preguntó a Mike —¿Qué más puedes hacer?— ¿Piensas que Mike y Randy se convertirán en buenos amigos? Escribe un párrafo que diga el porqué.

Revisa

Lee tu composición cuidadosamente. Asegúrate de haber seguido las instrucciones que se requieren para hacer la actividad que elegiste. Si se necesita hacer cambios, hazlos.

Bosquejos

Antes de que el autor escribiera «Santo Tomás, El Nuevo» tuvo que organizar su información. Sabía que el tópico del artículo sería «Santo Tomás, El Nuevo». Decidió escribir acerca de la historia del pueblito, la plaza y los alrededores. Éstos serían sus tópicos principales. Así organizó su bosquejo el autor:

Santo Tomás, El Nuevo

I. Historia

II. La plaza

III. Los alrededores

«Santo Tomás, El Nuevo» es el título, o tópico, del bosquejo. Los tópicos principales son Historia, La plaza y Los alrededores.

El autor decidió añadir información a cada uno de los tópicos principales. En el bosquejo siguiente los hechos adicionales son los tópicos secundarios. Nota que hay una letra mayúscula antes de cada tópico secundario. Nota también que cada letra mayúscula está directamente bajo la primera letra de la primera palabra de cada tópico.

Santo Tomás,
El Nuevo   Tópico

I. Historia   I. Tópico principal
  A. Nació en unos   A. Tópico secundario
      cuantos años
  B. Reemplazó al   B. Tópico secundario
      pueblo viejo

II. La plaza   II. Tópico principal
  A. Iglesia   A. Tópico secundario
  B. Otros   B. Tópico secundario
      edificios

III. Los alrededores   III. Tópico principal
  A. Carreteras   A. Tópico secundario
  B. Tienda de   B. Tópico secundario
      abarrotes
  C. Granja   C. Tópico secundario

Éste es el bosquejo que usó el autor para escribir el artículo. Los bosquejos pueden servir de varias maneras. Te pueden ayudar a organizar la información antes de que escribas. También te pueden ayudar a organizar información sobre lo que has leído para que lo recuerdes.

Libros de texto en el aprendizaje: el uso del bosquejo en Estudios Sociales

Lee el siguiente artículo de un libro de texto. Busca el tema, los temas principales y los subtemas. Las notas al márgen te ayudarán.

Este título te indica el tema del artículo.

Este encabezamiento te indica el primer tema principal.

Este párrafo contiene los subtemas de más información acerca de los servicios de transporte. Los dos subtemas son *autobuses* y *trenes*.

Este encabezamiento es el segunda *tema principal*.

El primer párrafo trata de un *subtema*. ¿Cuál es ese subtema?

El segundo párrafo te da más información sobre los servicios de salubridad y contiene el segundo subtema. ¿Cuál es ese *subtema*?

SERVICIOS PARA LA COMUNIDAD

Los servicios de transporte

¿Tomas el autobús público para ir a la escuela? Si es así, tú utilizas los servicios de transporte público. Los autobuses y los trenes son dos tipos de transporte público. Éstos son otro tipo de servicio que muchas comunidades le ofrecen a la gente. La gente paga dinero cuando utilizan el transporte público.

Servicios de salubridad

Muchas comunidades tienen hospitales para cuidar de los heridos y los enfermos. Muchos hospitales tienen salas de emergencia. La gente puede obtener ayuda de inmediato en la sala de emergencia de un hospital.

Las clínicas de la comunidad también son lugares en los que se atienden a los heridos y a los enfermos. En muchas clínicas hay doctores y dentistas que atienden a toda la familia.

Las escuelas públicas

Un servicio de la comunidad que conoces es el sistema de escuelas públicas. La mayoría de las comunidades tienen un consejo de educación. Sus miembros so elegidos por la gente de la comunidad.

En muchas comunidades es responsabilidad del consejo de educación ayudar a escoger a los maestros. La junta decide cómo las escuelas deberían de ser administradas. La junta lleva a cabo un trabajo muy importante. Una buena educación le da a la gente un buen comienzo en la vida.

—*Communities*, Harcourt Brace Jovanovich

¿Qué es un *encabezamiento*?

¿Cuál es el *subtema* de este párrafo?

Maestros es el subtema de este párrafo.

Un bosquejo del artículo se vería asi.

Servicios de la comunidad

I. Transportes
   A. Autobuses   B. Trenes
II. Servicios de salubridad
   A. Hospitales   B. Clínicas
III. Escuelas públicas
   A. Consejo de educación   B. Maestros

Lo más importante en el tema principal.
Los subtemas dan los detalles.

¿Quién es Eleanor Roosevelt? ¿Por qué se le recuerda hasta hoy?

Eleanor Roosevelt

por Jane Goodsell

Eleanor Roosevelt fue una sobrina del Presidente Theodore Roosevelt. Sus padres habían muerto cuando era muy pequeña así que vivió con su abuela durante su juventud. La abuela de Eleanor no pensaba que los niños necesitaban compañeros de juego. Eleanor pasaba los días estudiando francés, música y costura. Tenía muy pocos amigos.

A medida que maduraba, Eleanor comenzó a asistir a fiestas y bailes. Como ella era muy tímida, frecuentemente se sentaba sola y pensaba que mejor estaba en casa leyendo un libro. Eleanor no sabía hacer amigos con facilidad. En una fiesta, conoció a un primo lejano que se llamaba Franklin Roosevelt. Pronto se hicieron buenos amigos. En 1905, cuando Eleanor tenía veintiún años, ella y Franklin se casaron.

Mientras Eleanor criaba a su familia, Franklin se ocupaba en la política. Fue elegio al senado de Nueva York, fue Asistente del Secretario de la Marina y fue candidato para vicepresidente de los Estados Unidos en 1920.

En un día de verano de 1921, mientras estaban de vacaciones en la isla de Campobello, Franklin se enfermó. A los tres día el doctor diagnosticó que Franklin sufría de poliomielitis. Como resultado de esta enfermedad, los músculos de las piernas de Franklin se debilitaron a tal grado que le fue imposible caminar de nuevo.

Los médicos dijeron que Franklin tendría que usar aparatos ortopédicos en las piernas y estar en silla de ruedas por el resto de su vida. Franklin decidió que él no pasaría el resto de su vida en silla de ruedas. Hacía ejercicios para fortalecer sus brazos y poder usar muletas.

Mientras Franklin se fortalecía, Eleanor sabía que ella misma tenía que hacer que Franklin volviera a la política. Luchando en contra de su timidez, Eleanor comenzó a dar discursos para que la gente no se olvidara del nombre Roosevelt.

A los pocos años Franklin fue elegido gobernador del estado de Nueva York. Eleanor continuaba ayudando a Franklin. A donde él no pudiera ir con sus muletas, ella iba en su lugar. Ella le contaba a Franklin todo lo que había visto y oído.

En 1932, Franklin fue elegido Presidente de los Estados Unidos. Eleanor resultó ser muy buena Primera Dama. Dondequiera que hubiera gente necesitada, Eleanor Roosevelt iba a ver lo que se podía hacer por ellos.

Durante la Segunda Guerra Mundial muchos soldados norteamericanos fueron mandados a diversas partes del mundo. Eleanor Roosevelt viajó miles de millas para visitarlos. Animaba a los soldados que se sentían muy solas y muy lejos de sus hogares.

Franklin murió en 1945, unos cuantos meses después de que cumpliera su cuarto período como Presidente. Su muerte conmovió al mundo. Eleanor ya no era la Primera Dama, pero sabía que tenía que mantenerse ocupada. Luchó por la justicia y la libertad de la gente de todos los pueblos. Ella continuó viajando por todos lados. Dondequiera que iba se encontraba con viejos amigos y hacía amigos nuevos. Ella era una mujer muy famosa y dondequiera que iba la gente la consideraba su amiga.

En 1962 Eleanor murió a los setenta y ocho años. Millones de personas en todo el mundo lloraron cuando se enteraron de su muerte. La pequeña niñita que no tenía amigos acabó siendo amada por gente de todo el mundo.

1. ¿Por qué razón la gente aún recuerda a Eleanor Roosevelt?
2. ¿Por qué tanta gente se puso triste cuando Eleanor Roosevelt murió?
3. ¿Cómo fue que la vida de Eleanor Roosevelt cambió después de que su esposo se enfermó de polio?
4. ¿Por qué piensas tú que Eleanor Roosevelt fue tan querida por todo el mundo?
5. ¿Cómo te demuestra el autor que Eleanor cambió?

Aplica tus conocimientos

Piensa en la biografía de Eleanor Roosevelt. ¿Qué fue el dato más importante que aprendiste acerca de su vida? Completa las oraciones siguientes con otro dato que aprendiste.

1. Cuando ella era una niña _____
2. Cuando su esposo comenzó a mejorarse
   _____
3. Cuando ella fue Primera Dama _____

Organiza tu Ideas

La selección que acabas de leer es una biografía porque te habla acerca de la vida de una persona famosa. Piensa acerca de una persona interesante o famosa que conozcas. ¿Qué es lo que la hace interesante?

Redacta

Elige una de las actividades siguientes:

1. Escribe un párrafo que contenga información acerca de una persona famosa o interesante que tú conozcas. Tu composición debe contener por lo menos cuatro datos acerca de la vida de esta persona y debe dar la razón por la cual esta persona es famosa o interesante.

2. Escribe un párrafo que relate cómo Eleanor Roosevelt llegó a ser muy querida por gente de todo el mundo. Tu composición debe contener por lo menos tres razones por las cuales la gente conoció y amó a Eleanor Roosevelt.

Revisa

Revisa tu trabajo. ¿Seguiste las instrucciones que se te han dado? Si se necesitan hacer cambios, házlos.

El niño común
por George E. Coon

adaptación al español por Elsa del Valle

Raúl es un niño común, como tú
que sueña con cosas extraorindarias,
así como tú.

Es por esto que un día con un león luchará
y a través del Océano Pacífico nadará.

Aunque siendo un niño común, como un rayo
echará carrera y hasta le ganará a un caballo.

El concurso nacional de ortografía ganará
porque Massachusetts y Tennessee deletreará.

Hasta la cima de la montaña llegará
mientras que otros tratarán y no podrán.

En Carnegie Hall dirigirá tal concertón
que llenará la sala de balcón a balcón.

Echará la pelota que ganará el partido
y todo el mundo gritará su apellido.

No hay nada que Raúl no pueda hacer,
y es un niño común como puedes ver

283

¿Qué tipo de persona es la señora Graham?
¿Qué hace para que Michael quiera quedarse a vivir con ella?

El niño que quería una familia

por Shirley Gordon

Michael había vivido con muchos padres adoptivos. No conocía a sus verdaderos padres. La señora Finch era la trabajadora social que ayudaba a Michael cuando iba de un hogar a otro.

Un día la señora Finch se llevó a Michael a ver a la señorita Graham. A la señorita Graham le agradó Michael y lo quería adoptar. Michael fue a vivir con la señorita Graham y comenzó a llamarla mamá.

—¿Qué pasa?— le preguntó su mamá.

—No quiero hacer mi tarea— Michael le contó que tenía que acerca escribir un cuento sobre su familia.

—Tienes un abuelo que vive en la Florida— le dijo su mamá.

—¿De veras?— Michael estaba sorprendido.

—Mi papá es tu abuelito— le explicó su mamá.

—Quizás algún día te lleve a que lo conozcas.

—¿También tengo una abuelita?— le preguntó Michael.

Su mamá le contestó. —No, tu abuelita murió antes de que tú vinieras aquí. Lo siento hijo— te hubiera querido mucho.

Michela frunció el seño. —No tengo suficiente para escribir.

—No te preocupes— cómete tu espagueti— dijo su mamá. —Luego, después de comer, tú me puedes ayudar a escribir una carta a Kim Soo y Kim Joong.

—¿Quién?— preguntó Michael.

—Son mis dos hijos adoptivos en Korea— dijo su mamá. —Eso quiere decir que son tus hermanos adoptivos.—¡Qué bien!— gritó Michael. No tengo que inventar hermanos.

Ella le explicó —Kim Soo tiene diez años, y Kim Joon tiene trece. A los dos les gusta jugar béisbol. Les puedes escribir y decirles que te gusta jugar fútbol.

—También me gusta el béisbol— dijo Michael.

Tan pronto como terminaron de comer, fueron al cuarto de Michael. Su mamá le enseñó a Korea en su mapa del mundo. —Apuesto que nadie en la escuela tiene dos hermanos que viven al otro lado del océano— pensó Michael.—

—Cuando terminemos de escribir la carta, voy a hacer mi tarea— dijo.

La mañana siguiente antes de irse a la escuela,

Michael le dió a su gato, Motorcito, un plato de leche fresca. Puso una gota de agua y un pedazo de hoja de limón en el hormiguero que le había comprado su mamá. En ese momento pensó en otra cosa que podía escribir en su cuento.

Tan pronto como llegó a la escuela, le dió su cuento a la maestra. La maestra lo leyó. Luego lo leyó de nuevo —en voz alta a toda la clase.

Mi familia

Tengo una nueva madre que es muy buena. Tengo un gato negro que hace ruido como un motor de lancha, por eso es que lo llamo Motorcito. Mi abuelita ya no vive y mi abuelito está en Florida. Tengo dos hermanos mayores en Korea que juegan béisbol. También tengo seis hormigas.

—¡Caramba!, Michael— dijo la maestra. —Tú tienes una familia interesante. —Gracias— dijo Michael.

Al salir de la escuela Albert y Betty caminaron parte del camino a casa con Michael.

—Escribiste el mejor cuento de la clase— le dijo Albert.

—Tienes suerte— dijo Benny —Nosotros solamente tenemos gentes comunes y corrientes en mi familia. No tenemos hermanos en otros países.

Michael se sintió orgulloso. Deseaba tener una familia normal como todos pero, al mismo tiempo, le gustaba ser diferente. Se despidió de Albert y Benny en la esquina y siguió hacia su casa.

La primera cosa que vio fué el automóvil de la señorita Finch estacionado enfrente de su casa. Se le volteó el estómago a Michael. ¡Se lo iban a llevar a otro hogar adoptivo! Deseaba esconderse en algún lado. Se estaba poniendo frío afuera, y muy pronto iba a oscurecer. La señorita Finch se quedaría eternamente, esperando para llevárselo.

Quizá se podía meter a la casa y esconderse en su cuarto. Fue al frente de la casa y caminó muy despacito hacia la puerta de enfrente a oír. No podía oír nada. Lentamente abrió la puerta, esperando que no hiciera ruido.

Su mamá y la señorita Finch estaban hablando en la cocina. Si sólo pudiera caminar de puntillas hasta su cuarto sin ser visto. Pero tan pronto dió el primer paso — ¡crac! El suelo rechinó bajo sus tenis.

—¿Michael?— llamó su mamá.

De nada servía. Vendría su mamá a buscarlo. Se dió por vencido y se fue a la cocina.

La señorita Finch le sonrió —Hola, Michael.

—Hola.

—Bien!— le contestó en tono de voz muy alto. Michael se sentía incómodo. —Aunque trate de llevarme, no me voy. No me puede llevar a la fuerza. Soy demasiado grande —se dijo Michael a sí mismo.

Motorcito entró a la cocina y maulló. —Es mi gato— dijo Michael. —Se llama Motorcito.

—Hola, Motorcito— dijo la señorita Finch.

—Tengo muchos amigos nuevos— dijo, pensando en Albert y Benny de la escuela.

La señorita Finch sonrió —Parece que te va muy bien. Me alegro.

La mamá de Michael dijo. —Los dos nos llevamos bien—

—Me gusta oír eso— dijo la señorita Finch.

—¿Ya me adoptaron?— preguntó Michael. La señorita Finch meneó la cabeza. —No Michael, todavía no. Tienes que esperarte un año.

—¿Todo un año?— preguntó Michael. Para entonces, su mamá podría cambiar de opinión y no quererlo más. Se acordó de una familia que le agradó mucho y que casi lo adopta. Hasta la gente buena cambia de opinón si así quieren.

Su mamá se acercó y le dió un abrazo. —No te preocupes— le dijo. —El año va a pasar muy rápido.

1. ¿Por qué Michael quiso quedarse con la señorita Graham?
2. ¿Por qué Michael no quiso esperarse un año para que lo adoptaran?
3. ¿Por qué Michael sintió miedo de regresar a casa cuando vio el carro de la señorita Finch?
4. ¿Qué es lo que sentiste cuando la señorita Graham dijo «El año pasará muy rápido»?
5. ¿Cuándo es que te diste cuenta que Michael podría hacer su tarea?

Aplica tus conocimientos

Piensa acerca de *El niño que quería una familia*. Entonces contesta cada una de las preguntas siguientes.

1. ¿Cuál es la causa por la que Michael llamó a su gato Motorcito?
2. ¿Qué es lo que causó que los amigos de Michael pensaran que él tenía una familia muy interesante.
3. ¿Cuál fue el efecto de que Michael quería ser adoptado de inmediato?

Organiza tu Ideas

Los niños en la clase de Michael pensaban que él tenía una familia muy interesante. ¿Qué hace a la familia de Michael muy interesante?

Redacta

Elige una de las actividades siguientes:

1. Imagínate que tú estás en la clase de Michael durante el día escolar. Escribe una historia acerca de una familia. Puede ser real o ficticia. Escribe sobre cada miembro de la familia y lo que hace a cada uno especial.
2. Simula que eres Michael. Escríbe la carta a la señorita Finch diciéndole que quieres que la señorita Graham te adopte. Utiliza la forma correcta para escribir una carta.

Revisa

Lee tu trabajo cuidadosamente. ¿Dice en realidad lo que tú quieres que diga? Si no, escribe de nuevo ciertas oraciones o añade las que sean necesarias.

¿Cuáles son las claves que Cam Jansen usó para resolver este caso? ¿Qué misterio resuelve Cam?

El misterio del perro del televisor

por David A. Adler

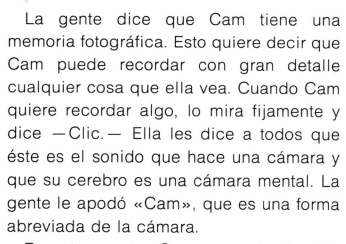

La gente dice que Cam tiene una memoria fotográfica. Esto quiere decir que Cam puede recordar con gran detalle cualquier cosa que ella vea. Cuando Cam quiere recordar algo, lo mira fijamente y dice —Clic.— Ella les dice a todos que éste es el sonido que hace una cámara y que su cerebro es una cámara mental. La gente le apodó «Cam», que es una forma abreviada de la cámara.

En este cuento, Cam, su amiguito Eric Shelton y las hermanitas gemelas de Eric, Donna y Diane, están al frente de la Librería Lee esperando conocer a Poochie, el famoso perro del televisor.

Poochie, un perro blanco con manchas negras en la espalda, entró en la librería. Su entrenador lo seguía. Cam quería recordar a Poochie. Lo miró fijamente y dijo — Clic.

Cam, Eric y las gemelas se asomaron por la ventana de la librería. Vieron Poochie brincar sobre una mesa. Se sentó entre el montón de libros y su fotografía. El señor Lee, el dueño de la librería, anunció —Saluden a Poochie. Él les dará la pata. Si compran su libro, *La historia de Poochie*, él les dará su autógrafo.

El entrenador de Poochie abrió el tinterillo y lo puso en la mesa al lado del libro. Poochie oprimió una de sus patas sobre el tinterillo y después la imprimió sobre la primera página del libro.

La fila se movía lentamente. Un niño pequeño salía de la librería con su mamá. El niño— ¡Poochie autografió mi libro!— La mamá levantó la mano para que todo el mundo pudiera ver. Tenía tinta. Ella dijo —Poochie me dió la pata.

Cuando entraron a la librería, vieron a un hombre pelirrojo sosteniendo a un perro blanco con manchas negras, idéntico a Poochie. El hombre metió la mano en su bolsillo y en el momento que lo hizo, una caja de galletitas para perro cayó sobre la mesa. El perro del hombre brincó por las galletitas y e Poochie brincó también. Los perros comenzaron a ladrar y a corretear alrededor de la mesa. Entonces el hombre pelirrojo agarró a uno de los perros.

—Qué feo, Cloudy, qué feo— le dijo mientras salía de la librería con su perro.

—Ahora siéntate, Poochie— dijo el entrenador, pero el perro no se sentó. —¡Siéntate!— dijo una vez más el entrenador. El perro ladró, meneó la cola pero no se sentó.

—Yo sigo, yo sigo— Donna le dijo al señor Lee. Donna le sonrió al perro. Diane y Cam le dieron la mano al Poochie y Eric compró una copia de *La Historia de Poochie*.

Antes de partir, Donna dijo —Tengo hambre.

—Antes de que comas, tienes que lavarte las manos— Eric le dijo. —Acaba de saludarte Poochie con la pata.

Donna extendió sus manos. —Mis manos están limpias.

—Déjame ver— dijo Cam, mientras veía las manos de Donna y sus propias manos.

—Esto está muy raro— dijo Cam. —¿Será que el perro que nos saludó con la pata, no era el verdadero Poochie?

Cam regresó corriendo a la librería y Eric, Donna y Diane la siguieron. Cam se asomó por la ventana de la librería, cerró los ojos y dijo —Clic.

—¿Qué hace?— Diane le preguntó a Eric.

—Ella está tratando de recordar algo.

Cam abrió los ojos y se asomó una vez más por la ventana. —Yo tenía razón. El perro que está ahí adentro no es el Poochie. Las fotos que yo tengo en la mente de Poochie y las que tengo del perro en la librería no son iguales.

—Me parece que ese perro es Poochie— dijo Eric.

—Las manchas que tiene ese perro no están exactamente en los mismos lugares en que están las manchas de Ponchie— dijo Cam.

Donna entró corriendo a la librería. —¡Ese no es Poochie! ¡Ese no es el Poochie!— ella gritó.

—Claro que lo es. Fíjate en esto— dijo el entrenador. —¡Alza la pata derecha!— Pero el perro sólo se le quedaba mirando al entrenador. —¡Alza la pata derecha!— volvió a decirle el entrenador. El perro no hizo nada.

Cam apuntó a la fotografía de Poochie y dijo —Fíjese en la foto y fíjese en el perro. Verá que no son iguales.

—Tienes razón— dijo el señor Lee.

—Fue el hombre pelirrojo— dijo Eric. Él ha de haberse llevado al Poochie. Éste debe ser Cloudy.

—Bueno, yo voy a llamar a la policía— dijo el señor Lee. Mientras el señor Lee caminaba hacia el teléfono, Cloudy saltó de la mesa y se salió corriendo de la librería.

—¡Agárrenlo!— le dijo Mr. Lee a Cam, a Eric y a las gemelas.

Los niãnos corrieron tras el Cloudy. Lo persiguieron pasando el centro comercial y a través del patio de atrás a la terraza del frente de una casa.

—Yo sabía que nos guiaría hasta su casa— dijo Cam. —Yo pienso que encontraremos a Poochie y al hombre pelirrojo aquí.

—Ven acá, Cloudy— gritaba Cam. Cloudy regresó y corrió hacia Cam. Justo cuando llegaba con Cam se abrió la puerta delantera de la casa. Los niños se estaban cerca de un gran arbusto. Ellos se escondieron detrás de éste.

—¿Quién anda ahí?— gritó un hombre.

Cam lo miró fijamente y dijo —Clic— Él era calvo, alto, pesado y llevaba lentes. El hombre esperó un poco y se volvió a meter a su casa.

—Yo no pienso que Poochie esté aquí— dijo Eric. El hombre que vimos en la librería, el que se llevó a Poochie, era un pelirrojo. El hombre que vino a la puerta era calvo.

Cam cerró los ojos y dijo —Clic— Pensó por un momento. Entonces ella dijo —Estoy viendo la foto en mi mente del hombre que vimos en la librería. Se parece al hombre que acabamos de ver. Sólo su cabello es diferente.

En ese momento se abrió la puerta delantera. El hombre calvo salió acarreando una bolsa grande. Cam vio a través del arbusto y se fijó atentamente mientras la vaciaba. Cayeron al basurero unas cajas, papeles y algo rojo.

—¿Vieron eso?— susurró Cam. —Ustedes vigilen a Cloudy. Yo voy a buscar algo.— Cam cruzó el patio del frente hacia el basurero. Ella metió la mano y sacó algo rojo.

Cuando regresó Cam, ella dijo —El hombre en la librería tenía el cabello rojo y aquí está. El hombre adentro de la casa usó esta peluca para que nadie supiera quién era él. Él es el que se llevó al Poochie.

—¿Qué vamos a hacer?— dijo Diane.

Cam pensó y entonces dijo —Tendremos que tratar de intercambiar a los perros. Si Donna toca en una ventana, el hombre irá a ver quién es. Entonces Diane puede tocar en otra ventana y el hombre irá a la otra ventana. Si ustedes dos se turnan tocando en las ventanas, el hombre estará ocupado corriendo de una ventana a la otra. En ese momento, yo cambiaré los perros por la ventana abierta.

Donna se fue hacia una de las ventanas al lado de la casa y Diane se fue a la otra ventana cerca de la puerta delantera. *Toc. Toc.* Era Donna tocando en una ventana. El hombre fue a ver quién era.

Toc. Toc. Era Diane tocando en la otra ventana. Cam oyó al hombre correr hacia la otra ventana. —Ésta es mi oportunidad— pensó Cam. Dejó que Cloudy entrara saltando por la ventana abierta. Entonces llamó —Ven, Poochie.

Cam vio a Poochie saltar sobre un escritorio, agarrar un sobre verde con el hocico y entonces saltar del escritorio.

—¡Váyanse de mi casa!— gritó el hombre justo cuando el Poochie brincaba a la orilla de la ventana. Entonces brincó a los brazos de Cam. Cam tomó el sobre del hocico del Poochie y lo puso en su bolsillo. Entonces todos se encaminaron hacia la Librería Lee.

—Tenemos al Poochie— le dijo Donna al señor Lee mientras entraban a la librería.

Habia dos oficiales de la policía parados ahí adentro junto con el señor Lee y el entrenador del Poochie. Uno de ellos preguntó —¿Dónde está el hombre que se lo llevó?— Cam les dijo dónde vivía el hombre y se fueron a arrestarlo. Cuando regresaron, el hombre calvo estaba con ellos.

—Yo pensaba que era Cloudy— dijo el hombre. Poochie atravesó la mesa hacia Cam. Con el hocico Poochie sacó el sobre verde del bolsillo de Cam y se lo llevó a uno de los policías. El policía abrió el sobre.

—Es una nota. Dice que devolverá a Poochie con la condición de que se le pague un dinero. Usted se llevaó a Poochie. Usted tendrá que venir con nosotros.

—Estos niños merecen ser recompensados— dijo el señor Lee.

—Sí, lo merecen— dijo el entrenador. Metió la mano en el bolsillo y sacó una pequeña tarjeta. Poochie puso su pata en el tinterillo y luego la imprimió en la tarjeta.

—Éste es un pase para que todos ustedes vengan al estudio y vean cómo se filma el program de televisión de Poochie.

Entonces Eric preguntó —¿Puede el verdadero Poochie autografiar nuestro libro?— El Poochie autografió el libro. En la puerta, los niños se despidieron del Poochie con un ademán.

—¡Guau! . . . ¡Guau!— El Poochie ladró y meneó la cola.

1. ¿Qué misterios resolvió Cam?
2. ¿Cómo es que la memoria fotográfica de Cam le ayudó a resolver el misterio?
3. ¿Cuál fue la recompensa por resolver el misterio?
4. ¿Piensas que fue una buena recompensa?
5. ¿Cuándo supiste que el hombre calvo no estaba diciendo la verdad?

Aplica tus conocimientos

Cuando leemos nosotros sacamos conclusiones por medio de la ayuda de los detalles en la historia. Cam y sus amiguitos usaron los detalles en esta historia para resolver el misterio. Ellos sacaron una conclusión basándose en las claves de la historia.

1. Busca y encuentra dos claves en la página 297.
2. Encuentra otra clave en la página 299.

Piensa y escribe

Organiza tu Ideas

En *El misterio del perro del televisor*, la memoria fotográfica de Cam y los detalles en la historia ayudaron a los niños a resolver el misterio. Imagínate que estás buscando tu almuerzo que se ha perdido. Piensa en el tipo de claves que tú puedas encontrar mientras tratas de resolver este misterio.

Redacta

Elige una de las actividades siguientes:

1. Imagínate que te han pedido que digas algo sobre el almuerzo perdido. Escribe una lista de claves que te dirán cómo resolverás el misterio.

2. Escribe un párrafo que describa un almuerzo que se ha perdido. Deberás de incluir por lo menos cuatro oraciones que describan el almuerzo para que alguna otra persona te pueda ayudar a encontrarlo.

Revisa

Revisa tu trabajo cuidadosamente. ¿Incluye el párrafo información suficiente como para hacer tu descripción lo suficientemente clara al lector? Si no es así, añade más detalles a tu descripción. Es posible que necesites alterar el orden de tus oraciones para que tu párrafo tenga sentido.

¿Cómo una montada a caballo le enseña a Ellen una lección? ¿Qué lección aprende ella?

Ellen vuelve a montar a caballo

por Beverly Clearly

Ellen Tebbits y Austine Allen eran buenas amigas. Les gustaba hacer muchas cosas juntas. Austine leía muchos libros sobre caballos y deseaba montar uno. Ellen no sabía mucho acerca de caballos, pero los había montado muchas veces. Al comenzar la historia, las niñas están en la biblioteca hablando acerca de caballos.

En la biblioteca, Austine había tenido la suerte de encontrarse dos librros que trataban acerca de caballos. —Desearía poder montar un caballo uno de estos días— ella dijo.

—¿Es que nunca has montado a caballo?— preguntó Ellen.

—No. ¿Y tú?— preguntó Austine impresionada.

—¡Oh, sí!— dijo Ellen casualmente. —Muchas veces.

En verdad era así. Ella había montado ya muchas veces. Si ella hubiera montado solamente dos veces, ella hubiera dicho que tan solo lo había hecho un par de veces. Tres veces eran «muchas veces»; por lo tanto, ella dijo la verdad.

—¿Dónde? ¿Qué se siente? Háblame más acerca de ello— le suplicó Austine.

—Oh, en varios lugares.— Eso era también verdadero. Ella había montado en la playa. Su padre rentó un caballo por una hora y la dejó que montara detrás de él con sus brazos alrededor de su cintura. El lomo del caballo estaba resbaloso, y ella rebotaba tanto que no fue cómodo, pero le fue posible mantenerse encima de él.

Ella había montado en la granja de su tío Fred. El tío Fred la levantó y la puso encima de su vieja yegua con la que araba, llamada Lady, y la llevó dos veces alrededor del granero. Lady no la hizo rebotar tanto a ella.

También en otra ocasión cuando su padre pagó diez centavos para que pudiera montar un potrito alrededor de un círculo rodeado de una barda. Esto no fue muy emocionante. El potrito parecía estar muy cansado. Pero Ellen no pretendía galoparlo alocadamente. Sí, todo esto se añadía a muchas veces.

—¿Por qué no me habías dicho que tú podías montar?— Austine reclamó. —¿Qué tipo de silla de montar usas?— Austine sabía todo acerca de diferentes tipos de sillas de montar porque ella leía muchos libros acerca de caballos.

—Oh, cualquiera— dijo Ellen, quien no conocía nada acerca de sillas de montar. —Una vez monté en pelo.— Esto era verdadero porque Lady no tenía silla. De nuevo, Ellen comenzaba a sentirse un poco incómoda. Ella no había querido confundir a Austine. Ella en realidad no sabía cómo había comenzado todo.

Al siguiente día en la escuela, Austine no se había olvidado de lo que Ellen había dicho acerca de montar a caballo. Ella había habaldo con Linda y Amelia al respecto. Ellas hablaron con Barbara y George. Barbara y George le dijeron a otros niños y niñas. Cada vez el cuento aumentaba más y más.

Después de clases, las niñas vinieron a la casa de Austine. Ellas encontraron a la Señora Allen arrodillada, al lado de una caja para plantas. —Hola — dijo ella. —Mañana será un dia de fiestas y no habrá escuela; ¿Te gustaría ir a un picnic?

—Gracias, me encantaría ir.— A lo mejor un picnic le haría olvidarse a Austine de los caballos. Ellen estaba preocupada que Austine dijera algo acerca del asunto de la montada a caballo a su mamá y que su mamá supiera cómo Ellen había exagerado.

Al siguiente día a las diez de la mañana, Ellen corría en la calle de Tilamook y en los alrededores de la casa de Austine. El señor Allen estaba saliendo en su carro. La señora Allen estaba en el asiento delantero. Ellen se alegró de que ella y Austine podían sentarse cada una junto a una ventana en el asiento de atrás. Esto hacía más fácil mirar los caballos y jugar con las palabras.

Ellos habían recorrido tan sólo unas pocas millas cuando Austine vio los caballos. —¡Mira, Papá! ¡Se rentan caballos! Párate.— le suplicó.

El señor Allen se salió del camino cerca de un corral de caballos. Austine saltó fuera del carvo y corrió hacia los caballos y los otros la siguieron. — ¡Papá, déjame ir a montar a caballo!— Ellen deseaba que Austine se estuviera quieta.

—Está bien, niñas. ¿Cuál caballo les gustaría montar?— preguntó el señor Allen.

Ellen pensó que más le valía ser valiente aunque no lo fuera en realidad. —Yo pienso que me gustaría el padro, aquél en el rincón del corral.— Ella pensó que el caballo pardo le gustaría a la gente.

—Yo quiero el pinto— dijo Austine.

—Oh, Dios mío— pensó Ellen. —Yo creo haber dicho algo malo. Yo deseaba leer algunos libros sobre caballos.

Cuando los caballos estuvieron listos, el hombre que trabajaba en los establos le ayudó a Ellen a subirse a éste.

Ella puso sus pies en sus manos, y él la subió de un empujón sobre el caballo. El suelo parecía estar a una gran distancia de ella. Ellen había olvidado qué tan anchos eran los caballos. El hombre le apretó los estribos al caballo y luego ayudó a Austine a subirse al pinto. Ellen acarició la nuca del caballo. Ella estaba ansiosa de que él la aceptara.

—¡Mira!— Austine dijo. —¡Estoy realmente montada sobre un caballo!

Ellen sabía que debería ser la líder. —¡Arre!— dijo. El caballo ni se movió.

El hombre le dio una palmada en el anca del caballo. Salieron del corral hacia el camino de polvo como si acostumbraran a irse por ese camino. El papá y la mamá de Austine las siguieron a pie.

Ellen mantuvo cuidadosamente cada rienda en cada mano. Mientras veía al suelo tan abajo, ella deseaba que el caballo no saliera corriendo.

—Voy a llamar a mi caballo «Old Paint» como en la canción— dijo Austine, quién sabía de canciones de vaqueros. —¿Por qué no llamas al tuyo «Brownie»?

—Sí— dijo Ellen. No tenía ganas de hablar.

Cuando el caballo de Austine se adelantó, Ellen se agarró bien de la silla del caballo. No era tanto que tuviera miedo, se dijo a sí misma, era tan solo que no quería correr riesgos.

A lo mejor, después de todo, esto no seria tan malo. Los caballos parecían conocer el camino y Ellen hasta encontró placentero el vaivén. Podía mirar los árboles y disfrutar del olor a bosque.

Entonces, cuando salían de una curva, Brownie quiso devolverse a su corral. Se dio la vuelta y comenzó a regresar.

—¡Hey!— gritó Ellen con ansiedad. Ella haló la rienda hacia la derecha, pero Brownie siguió adelante. —¡Alto!— ella ordenó, esta vez gritando.

—¿Por qué vas por ese rumbo?— preguntó Austine mientras se volteaba en su silla de montar.

—Porque es por donde quiere irse el caballo— contestó Ellen un poco molesta.

—Bueno, dale la vuelta.—

—No puedo— dijo Ellen. —No lo puedo dominar.

Austine le dio la vuelta a Old Paint y lo condujo al lado de Ellen. —¿No sabes que se supone que debes mantener ambas riendas en una sola mano?

Ellen no lo sabía. —Yo las aguantaba de esta manera solo para tratar de darle la vuelta— dijo ella. Ellen tomó las riendas con la mano izquierda.

Austine se agachó y tomó las bridas del Brownie con una sola mano. —Calma, Old Paint— dijo ella. Brownie la siguió.

—Gracias— dijo Ellen. —Oh, tú eres muy valiente.

—Oh, eso no es nada— dijo Austine. —Tú no puedes dominar al caballo— y añadió —tú lo tienes que guiar.

—Oh . . . se me olvidó.— ¿Qué habrá pensado Austine cuando es dio cuenta de que Ellen la había engañado.

Los caballos siguieron el camino con pasos pesados. A través de los árboles, las niñas podían ver la carretera y oír los carros que pasaban. La madre y el padre de Austine se acercaron a la orilla y Ellen comenzó a recobrar su coraje nuevamente.

—Vamos a galopar— le sugirió a Austine.

Las piernas de Ellen le comenzaron a doler. —¿Cómo es que lo haces galopar?

—Encájale los tacones.— dijo Austine.

—No quiero lastimar al caballo— le dijo Ellen.

—No lo puedes lastimar, tontita. Los vaqueros usan espuelas, ¿no es verdad?

Ellen le encajó los tacones tímidamente a Brownie. Brownie caminaba despacito.

Austine encajó los tacones también. Old Paint empezó a trotar. Al principio ella rebotaba mucho, pero pronto empezó a montar suavemente. Entonces su caballo comenzó a galopar.

Cuando Old Paint galopaba, Brownie comenzó a trotar. Ellen comenzó a rebotar. Ella se agarró de la silla lo más fuerte que pudo. Seguía rebotando. «Slap-slap-slap.»

Sus piernas desnudas le comenzaron a arder de tanto restregarlas contra la vaqueta de la silla. «Slap-slap-slap.» Dios mío, se dijo, suena muy feo. Espero que Austine no me oiga rebotar tanto.

—Oh,ooo-ó, Old Paint— le gritó Austine. Old Paint se detuvo.

—¡Lo hice, Ellen!— ella le dijo. —Aunque poquito, en verdad galopé. Me detuve con las rodillas y galopé como en las películas.

—¡Oh, ooo-ó!— gritó Ellen. Brownie comenzó a trotar. «Slap-slap-slap.»

Austine se rió. —Puedo ver los árboles entre tu cuerpo y la silla cada vez que rebotas. Oh, Ellen, ¡Te ves tan graciosa!

«Slap-slap-slap.» Ella no pensó que podía soportar el rebotar tanto por más tiempo.

—¡Ellen Tebbits! No creo que sepas nada acerca de montar a caballo.

—¡Oh,ooo-ó!— Cuando Brownie alcanzó a Old Paint, se detuvo. Cuando Ellen había recobrado el aliento, se puso a llorar. —Yo también lo creo. Es tan solo que los otros caballos que monté eran más mansitos.

Los caballos caminaron hasta que el camino hacía
una curva a la orilla de un arroyo.

—Oh, mira. Ahí hay un puente— le dijo Ellen.

—Creo que la carretera cruza al otro lado del arroyo
— le dijo Austine. —Tengo curiosidad por saber si
los caballos tienen sed.

No había duda que Brownie tenía sed. Se salió del
camino y se fue loma abajo por las piedras hasta
llegar al agua. Brownie no se paró a la orilla del
arroyo. Se metió en el agua.

—Oh-o-o-ó— le gritó Ellen, mientras salpicaba el
agua. —¡Ayúdame, Austine!

Brownie seguía vadeando.

—¿Qué haré, Austine? ¡Ya se va a nadar!

—¡Aquí, Brownie! ¡Aquí, Brownie!— le gritaba
Austine desde la orilla. Su voz se oía muy débil
contra el ruidó del agua.

Cuando Brownie encontró el camino a través de las
piedras a la mitad del arroyo, se detuvo.

—¡Mira, el agua le pasa las rodillas!— Ellen miraba
el agua. —¡Arre, Brownie!—

—Pégale en la grupa con la parte de al final de las
riendas.— Austine gritaba desde la orilla.

Ellen le pegó. Brownie volteó la cabeza y la miró.
Para este entonces, unos excursionistas se habían
parado en el puente. Mirándola, se rieron de Ellen y
le apuntaron con el dedo. Ellen deseaba que se fueran.

Brownie bajó la cabeza para beber. Ya que Ellen se había amarrado las riendas en la mano, no pudo soltarlas. A medida que el caballo la halaba hacia adelante, la silla le pegaba en al estómago.

—¡Ay!— gritó. Colgando de la cabeza del caballo, se agarró de las crines con una mano.

Brownie se quedó mirándola con el agua escurriéndole de la barba. Ellen pensó que era la barba. Quizás en los caballos se les llamara otra cosa.

Se detuvieron en el puente un par de automóviles, y la gente la vio allá abajo y se rió de ella, —Haz algo, Austine— le gritó Ellen. —Nuestra media hora está por terminarse.

—Quizá deba regresarme y buscar al dueño de los caballos— gritó Austine de vuelta.

—No, Austine. No me dejes aquí sola— Ellen suplicó. —A lo mejor puedo desatarme. No pienso que el agua me pase de los hombros.

—La corriente está muy fuerte— gritó Austine. —De cualquier manera, debemos devolver los caballos. No puedes dejar a Brownie allí solo.

Austine tenía razón. Ellen sabía que no podía dejar a Brownie. Es probable que lo perdería y también que el dueño exigiría que se le pagara. Ella nunca había oído de alguien que perdiera un caballo, así que no estaba muy segura al respecto. —No me puedo quedar aquí toda la vida— gritó Ellen.

—Mi mamá y mi papá nos alcanzarán en un momento— le gritó Austine. —Ellos deben saber qué hacer.

Justamente, eso era lo que le preocupaba a Austine. Ella no quería que la familia Allen la viera así. ¿Qué pensarían después de que Austine les había dicho que ella sabía mucho acerca de montar a caballos?

En eso, uno de los excursionistas bajó a la orilla del arroyo. —¿Necesitas ayuda?— le preguntó.

—Oh, sí, por favor — le contestó Ellen muy agradecida.

Saltando de piedra en piedra, el hombre se le acercó, pero no pudo acercársele lo suficiente como para alcanzar las riendas de Brownie. —Tírame las riendas — le gritó.

Ellen las tiró lo más fuerte que pudo, y el hombre las pescó en cuanto la corriente se las acercó.

—Ándale viejo— le dijo, halando las riendas. Con timidez, Brownie caminaba entre las piedras hacia la orilla.

—Oh, gracias— le dijo Ellen.

—Tu problema es que le mostraste miedo al caballo — le dijo el hombre. —Enséñale al viejo gruñón quién manda y no tendrás problemas.

—Gracias, trataré de hacerlo así— le dijo Ellen agarrándole fuertemente las riendas. —Adiós.

En ese momento el papá y la mamá de Austine venían por la curva a la vuelta del camino. —Es tiempo de regresar— le dijo la señora Allen.

—Está bien, Mamá— le dijo Austine. Las niñas dirigieron sus caballos hacia el corral. Ellen se sentía mal y no sabía qué decirle a Austine. ¿Qué es lo que Austine pensaba de ella después de que se dio cuenta que ella había exagerado todo este asunto de la montada a caballo? ¿Qué es lo que Austine le diría a sus padres? ¿Qué les diría a los niños de la escuela?

Finalmente, Ellen dijo en voz muy baja —Después de todo, creo que no sé tanto acerca de montar a caballo como yo creía saber.

—Tu caballo era muy difícil de montar, eso es todo— Austine le contestó.

—¿Austine?— dijo Ellen tímidamente.

—¿Qué?—

—No le vas a decir a nadie, ¿verdad?

Austine le sonrió. —¡Por supuesto que no! Éste será nuestro secreto. ¡Arre! ¡Arre, Old Paint!

—Gracias— dijo Ellen. —Eres una estupenda amiga. ¿Sabes algo? Voy a buscar más libros que traten acerca de caballos la próxima vez que vayamos a la biblioteca.

Si quieres saber un poco más acerca de Ellen y de Austine, lee Ellen Tebbits *por Beverly Cleary.*

1. ¿Qué lección aprendió Ellen en esta historia?
2. ¿En qué problema se metió Ellen al ir a montar a caballo con Austine?
3. ¿Cómo es que Ellen pudo sacar a Brownie del arroyo?
4. ¿Crees tú que Austine es una buena amiga? ¿Por qué?
5. ¿Cómo es que sabías que Austine no tendría ningún problema montando a caballo?

En *Ellen vuelve a montar a caballo*, el personaje de Ellen cambia. En la primera parte de la historia, ella está orgullosa y segura de sí misma. Más tarde en la historia ella no se siente tan bien acerca de sí misma.

A continuación hay cuatro oraciones de la historia. De cómo Ellen se sentía acerca de sí misma cuando cada oración acontece en la historia.

1. —Oh, sí— dijo Ellen casualmente —varias veces.
2. Creo haber dicho algo malo. He leído algunos libros sobre caballos.
3. —Pienso que no sé tanto acerca de montar a caballo como yo creía.
4. —De cualquier tipo— dijo Ellen, quien no sabía distinguir entre un tipo de silla de montar y otro.

Ahora encuentra otra oración en la historia que refleje algo sobre la personalidad de Ellen. Prepárate para leérselo a la clase.

Pensando en "las marcas"

Leíste acerca de mucha gente que tuvo acontecimientos importantes en su vida. En algunos casos eran acontecimientos históricos. Recuerda lo difícil que fue para alguien tan tímida como Eleanor Roosevelt cuando empezó a dar los discursos de su esposo. Por medio de su valor y fuerza estos personajes pudieron hacer algo bueno para otros.

Otros personajes tuvieron crisis personales. Después de mucha preocupación y tiempos tristes, Michael al fin encontró la familia que siempre quería. Ellen Tebbits aprendió la lección difícil que no debía engañar a su mejor amiga.

Los autores de estos cuentos hicieron que los personajes tomaran acción. Mostraron cómo los cambios en la vida de los personajes dieron ciertos resultados. Cada personaje en esta unidad encontró un problema y tuvo un momento crítico. En otros cuentos que leas, decide los acontecimientos importantes de los personajes y cómo cambian sus vidas.

1. El tema de «Marcas» es el alcanzar un punto importante en la vida de alguna persona. ¿Cuáles personajes en esta unidad se enfrentaron a un momento histórico?
2. ¿Qué metas compartieron Mike y Michael?
3. ¿Cuáles personajes en estas historias piensas tú que demostraron más valor? Explica por qué lo piensas.
4. ¿Qué personaje piensas tú demostró la cualidad más especial? Explica por qué lo piensas.
5. Explica cómo es que Austine y Cam son semejantes. Explica cómo son diferentes.

Lectura independiente

La Cenicienta por Charles Perrault. Promexa.
Cenicienta es maltratada por su madrasta y sus
hermanastras. Su hada madrina la ayuda a ir a
un baile de palacio donde conoce al príncipe.

La abuela del juicio por Eduardo Robles Boza. Trillas.
Tres niños reciben un regalo inolvidable de la
viejecita del pueblo.

Rollito por Eduardo Robles Boza. Trillas. Es la historia
de Xóchitl, una niña que encuentra una oruga en
el parque y la cuida hasta que se convierte en
mariposa.

El frijol mágico adaptación de Tony Ross. Promexa.
Este libro cuenta las aventuras de un niño que
llega hasta las nubes subiendo por una enorme
planta de frijol.

Glosario

El glosario es un diccionario especial para este libro. Necesitamos usar el orden alfabético, o ABC, para encontrar una palabra en el glosario. Por ejemplo para encontrar la palabra *columpio* en el glosario primero busca la parte del glosario que comienze con la letra C. El glosario nos da el significado de la palabra tal y como se usa en el libro. Luego se usa la palabra en una oración.

A veces, diferentes derivados de palabras siguen a la oración. Si alguna variación la palabra, como *columpiarse* se usa en el libro, entonces se da una oración de ejemplo con el uso de la palabra.

Un cuadrado azul pequeño ■ al final de la entrada significa que hay un dibujo que corresponde con esa palabra.

A

a pesar de   aunque: Iremos a la fiesta *a pesar de* la lluvia.

abreviada   decir algo en forma más corta: Esa palabra está *abreviada*.

abrumado   lleno   de preocupaciones: Se siente *abrumado* por el trabajo.

acero   metal fuerte que proviene de la combinación del hierro y el carbono: La espada es de acero

acurrucado   doblar y encoger el cuerpo para ocupar poco espacio: Durmió *acurrucado* por el frío.

adoptivos   cualquier cosa que se adopta como propia: La familia tiene hijos *adoptivos*.

aglomerada   acumulada: La gente está *aglomerada* para ver el desfile. ■

aguanto   sostener algo; soportar: No *aguanto* mas, mucho trabajo.

aguarrás   líquido solvente de pinturas: Quítale la pinctura del pincel con *aguarrás*.

alcé   acción de levantar: Yo *alcé* el carro.

alegaban   discutir un punto: Los abogados *alegaban* en favor del reo.

aletas   membrana que los peces usan para nadar: El pez nada con sus *aletas*.

algas   planta acuática: En el mar hay *algas*.

aliento   acción de respirar: Podía oír su *aliento*.

alisar   suavisar algo: El carpintero *alisó* la superficie de la mesa.

almacena   acumular; guardar en un almacén: *Almacena* la comida para el invierno.

almejas   molusco encerrado en una concha, comestible: Las *almejas* están protegidas por una concha.

anhelos   ambiciones, deseos: Tiene *anhelos* de ser actriz.

añaden agregan: Los coleccionistas *añaden* piezas a su colección.

años período comprendido entre el primero de enero y el treinta y uno de diciembre, período de 365 días: Este será un buen *año*.

apedreados algo o alguien a quien se le han lanzado piedras: Los pájaros murieron *apedreados*.

apellido nombre de la familia que se transmite de padres a hijos: Vargas es mi *apellido*.

apertura acción de abrir o iniciar: Hoy fue la *apertura* del teatro.

apodo sobrenombre de una persona: Su hermana le *apodó* "Tito" a José. **adopó**

apresuro hacer algo rápido: *Apresuró* el paso para ganar la carrera. **apresuró**

apropiado correcto; adecuado: Usa un vestido *apropiado* para la fiesta.

apuntaban señalar: Me apuntaban con el dedo.

apuntes notas que se toman en la clase: Tomé *apuntes* en mi clase de Historia. ■

apurado haciendo todo muy rápido: Ramón está *apurado* para llegar a su trabajo.

arada acción de arar: La tierra es *arada* por el campesino.

arce un tipo de árbol: Han plantado *arces* en la entrada de la finca.

áridos secos: Los campos están *áridos* por falta de lluvia.

arpón instrumento que se usa para pescar: Pescó tres marlines con sus *arpones*.

arremetió atacó con fuerza: El viento *arremetió* contra los áboles.

arrogante orgulloso: El hombre era muy *arrogante*.

arrojando tirando con fuerza: Los niños *arrojaban* la bola en el parque.

arrullo expresión oral de terura agradable al oirlo: *Arrullo* a mi bebé para dormirlo. ■

artículos domésticos que pertenecen a la casa: Compré esta vajilla donde venden *artículos domésticos*.

artista persona que cultiva las Bellas Artes: El pintor es un *artista*.

asegúrate obtener certeza: *Asegúrate* de llevar todo lo que necesitas a la escuela.

asistiendo estar presente; ir a un lugar: El alumno está *asistiendo* a su escuela.

áspero una superficie dura y rugosa: La lija es *áspera*.

astillar partir la madera en trozos irregulares: Ten cuidado de no *astillar* el bastón del abuelo.

atardecer cuando cae el sol: Al *atardecer* puedes ver el sol ocultarse.

atraparlo no dejar ir a alguien o algo, aprisionar: El cazador quiere atraparlo vivo a ese león.

aulló grito de aflicción que emiten algunos animales: El perro *aulló* toda la noche.

autógrafo escrito por su propia mano: El escritor me dio su *autógrafo* en el libro. ■

avena cereal que se emplea como alimento: El caballo come *avena*.

avergonzado la persona que siente verguenza: El niño estaba *avergonzado* de su mala acción.

327

B

baldes recipiente que se usas para acarrear líquidos: Llena los *baldes* de agua.

batió agitó con fuerza: La abuela *batió* los huevos para el pastel.

betabeles legumbre roja, comestible: Come *betabeles* en ensalada.■

bodega donde se guardan comestibles u otras cosas: Baja a la *bodega* a buscar el vino.

bondades cualidades buenas en una persona: Gracias por todas sus *bondades*.

borrador manuscrito hecho para ser corregido: La lección está en *borrador* hasta que la pase en limpio.

bosquejo esquema que preparas antes de escribir una composición: El escritor hizo un *bosquejo* de su obra.

buscatesoros persona que busca tesoros: Manuel es un *buscatesoros*.

C

cabina lugar donde está la tripulación de una nave: El capitán y los marinos estáan en la *cabina*.

caldera recipiente en que se calienta algo: Calienta el agua en la *caldera*.

calvo no tiene pelo en la cabeza: El águi la calva está en peligro de extinción.■

campeón el que gana: Pedro es el *campeón* de natación.

candidato persona que aspira a un cargo o título: Fernando fue *candidato* a la presidencia del club.

cangrejos crustáceo, comestible: Me gustó comer *cangrejos*. ■

capitán que manda en un grupo: Mi primo es *capitán* de su equipo de fútbol.

capullos flor sin abrir: El rosal está lleno de *capullos*.

caramba expresión de sorpresa: *Caramba*!, no entiendes.

carretera camino: Esta *carretera* es muy moderna.

catálogos libro de muestras del cual compras artículos: Me gusta encargar mi ropa por *catálogo*.

centímetros unidad métrica usada para medir: El metro tiene cien *centímetros*.

clavijas pedazos de madera que se encaja para tapar un agujero: La guitarra tiene *clavijas* para a finar las cuerdas.

cocos la fruta del cocotero: Los *cocos* tienen agua adentro. ■

colecitos planta hortense, comestible: Mamá sirvió *colecitas* para la cena.

colindante vecino; que está al lado: El edificio de Correos está *colindante* a la tienda. ■

comedia una obra cómica: Anoche vi una *comedia* en el teatro.

comestibles todo lo que se puede comer: Algunos vegetales son *comestibles*.

compañía reunión de personas para formar una organización: La compañía se dedica a vender zapatos.

compartir dividir una cosa con otra persona: Voy a *compartir* dulces con mos amigos.

competirá luchar con otra persona que aspira a obtener lo mismo: Mi hermano *competirá* por el título de natación.

candado cerradura para asegurar una puerta: Pon el candado a la puerta.■

concurso competencia por un premio o título: Mi amiga va entrar a un *concurso* de belleza.

confianza tener fe en algo o en alguien: Le tengo mucha *confianza* a mi madre.

conformó estar de acuerdo con lo que hace o dice la otra persona: Se *conformó* con el castigo que mamá le dio.

conmocionó impresión: La noticia de una nueva guerra hizo *conmoción* en el mundo.

conservatorio Instituto donde se estudian ciertas artes: Claudia estudia música en el *conservatorio*.

contener reprimir: No pudo *contener* su ira.

contraventana puerta falsa: La *contraventana* está pintada de azul en esa casa.

cosecha lo que se recoge el sembrador: El campesino recogió la *cosecha* del maíz.

costura Acción de coser: La forma de la costura del vestido es bonita

criatura niño: Esa *criatura* es hermosa.

culpa falta que comete una persona: Por tu *culpa* nos catigó papá.

cumplir   llevar a cabo lo que se prometió: Tengo que *cumplir* órdenes.

D

---

debilitaron   falta de energía, acabarse las fuerzas: Se *debilitaron* por falta de agua y alimento.

decoración   ornamentos que se usan para adornar: La *decoración* del salón de baile fue hecha de flores.

desapareció   eliminarse o perderse de vista: El barco *desapareció* en el horizonte.

desarrollarse   llegar a ser: Vemos *desarrollarse* a las plantas.

descripción   decir detalladamente cómo es algo: Quieren una *descripción* del ladrón.

desdoblan   enderezar: Los soldados *desdoblan* la bandera para izarla.

desembocan   donde termina el río y colinda con el mar: Algunos ríos *desembocan* en el mar.

desgastada   consumirse por la fricción: Esta escalera está *desgastada* por su uso.

deshacer   destruir lo hecho: Vamos a *deshacer* el rompecabezas. Van a *deshacer* el tratado.

desiertos   lugar seco y con mucha arena y poca agua; sin gente: El *desierto* del Sahara está en Africa. El estadio estaba *desierto*.■

deslumbrante   con mucha luz, impresionante: La reina está *deslumbrante*.

destaca   sobresale: Manuel se *destaca* por su altura.

demoraba   tardarse : El avión llegó con una *demora* de una hora.

despaciosos lento, calmadamente: Los muchachos son *despaciosos* para trabajar.

deprimente algo que pone a la persona triste: Era *deprimente* ver aquel estado de miseria.

delanteros lo que está en frente: Aquellos dos carros son los *delanteros* en la carrera.

deletrear decir todas las letras en una palabra: *Deletrea* la palabra.

derramaron tirar o esparcir cosas en un lugar: Los niños *derramaron* la leche sobre la mesa.

detallitos algunos particulares o pormenores pequeños: Mi escrito tiene algunos *detallitos* para corregir.

discreta tener mucho cuidado en no herir a nadie con lo que dice: Fue muy *discreta* al decírselo.

discurso disertación a una audiencia: El político dijo su *discurso* calmadamente.

dispersa esparcir en diferentes lugares: Las cenizas *dispersaron* sobre la tierra.

disposición estar de acuerdo de hacer algo: Félix está en buena disposición de hacer el trabajo.

distinguir ver lo diferente de cada cosa: Se puede *distinguir* al director de una orquesta por su batuta.

E

elástico que da se sí; es flexible: El globo esta hecho de material *elástico*.

elegidos fueron escogidos: Los niños fueron *elegidos* para representar su escuela.

emergencia una situación seria y de urgencia: Me llamaron por una *emergencia* en la familia.

emparentado relación entre pariente: Miguel está *emparentado* con los familiares de su esposa.

enanos personas que no crecen normalmente todas las otras personas: Los *enanos* parecen niños.

encabezados los títulos de las diferentes secciones: El *encabezado* del artículo en el periódico viene con letras grandes.

encajaban unir dos piezas ajustadamente: Las piezas del rompecabezas *encajaban* una a una.

encargo encomienda; delegar: Te *encargo* mis libros mientras regreso.

enciclopedia una serie de libros de referencia que contienen información sobre casi todos los temas: Consulté una *enciclopedia* para hacer mi informe sobre Cristobal Colón. ∎

entrecerraba dejar medio abierta: Dejé la puerta *entrecerrada* para que no entrara la luz. **entrecerrada**

entrevista conferencia entre dos personas o más: Vi la *entrevista* por televisión del candidato a presidente.

enojar actitud de disgusto: Me voy a *enojar* si no haces tu tarea.

enredaderas planta que se trepa en las paredes: En el jardín hay muchas *enredaderas*.

envenenaré dar veneno: La reina dijo "*Envenenaré* a Blanca Nieves con esta manzana."

ermitaño persona que se aleja de la sociedad; quiere estar solo: Vive como ermitaño.

escalaba subir a una gran altura: El alpinista *escalaba* la montaña con cuidado.

escarcha cuando la humedad o neblina se congela después de una noche fría: El campo se ve lleno de *escarcha*.

especial algo muy importante que no es común: El programa fue interrumpido por un *especial* boletín.

estacionamiento lugar donde estacionas el carro: El *estacionamiento* está muy lejos.

estetoscopio instrumento que usa el médico para oir tu pecho: El médico oyó mi corazón con su *estetoscopio*.

eternamente para siempre: La clase parecía *eterna*. **eterna**

etiqueta identificación de los productos pegadas al envase. La *etiqueta* del cereal es muy bonita.

excursión ir con un grupo a un lugar: Fuimos de *excursión* al parque. ∎

éxitos el resultado de bueno de una acción: Tuvo *éxito* la representación teatral.

expresión los gestos de una persona hacia algo: Se manifestó su enojo por su *expresión* en su cara. Tuvo una *expresión* de cariño.

extravagantes fuera de lo común: El nuevo diseño es extravagante.

extremo el final de de algo: Siéntate al otro *extremo* de la mesa.

F

farol una lámpara encerrada con un vidrio o material transparente: El *farol* de la esquina no está encendido.

fe tener esa confianza en algo o alguien: Tengo fe de que pasaré el examen.

fieltro un tipo de tela gruesa: mi mamá hizo una muñeca de *fieltro*.

filosa que corta fácilmente: La navajas es *filosa*.

flotadores no se hunden; se quedan superficie: El niño nada con *flotadores* en la alberca.

fogonero la persona que hace y mantiene el fuego en la máquina de vapor: El tren necesita un *fogonero*.

forzaban forzar; lograr algo por medio de la fuerza: *Forzó* la cerradura de la puerta porque perdió su llave. **forzó**

frota fricción entre dos cosas: Aladino *frota* la lámpara y el genio aparece.

furiosos reacciona con enojo: Los lobos atacaron *furiosos*.

G

ganador la persona que gana: Luis fue el *ganador* del certamen.

germinar empezar a crecer: Todas las semillas *germinaron*. **germinaron**

gorgoteando ruido que produce el agua o un líquido al caer o moverse: La Coca-Cola estaba *gorgoteando*.

granulitos las bolitas que ves en le azúcar o en la arena: La arena tiene apariencia de *granulitos*.

granizo bolitas de hielo que caen como la lluvia: Llueve y está cayendo *granizo*.

grieta abertura lo que queda cuando se separa algo como la tierra: Hay *grietas* en la tierra después del temblor.

gruñiendo sonido lo que hace un animal: El perro está *gruñiendo* al desconocido. Julio se quedó **gruñiendo**.

guardia persona que cuida un edificio; grupo de soldados: La reina tuvo su *guardia* de honor.

guiño parpadear de ojos: *Guiño* el ojo a mi novio.

guitarra instrumento musical con cuerdas: Estoy aprendiendo a tocar *guitarra*.■

H

habitan viven: Los pingüinos *habitan* en el Ártico.

halando tirando de algo: El niño está *halando* hsu perrito.

hambriento con mucha hambre: Estoy *hambriento* cuando llego a casa.

heroísmo una acción que demuestra mucho valor: Claudia mostró su *heroísmo* al salvar a la niña.

herramientas instrumentos de trabajo: Los carpinteros usan *herramientas* en su trabajo.

hierbas plantas silvestres: Hay que limpiar el jardín de las *hierbas*.

hileras en forma de línea recta: Los escritorios en el salón de clases están arreglados en *hileras*.

hocico la boca de un animal: El perro tiene *hocico*.

hombros parte del cuerpo de donde empieza el brazo: Los *hombros* están en la parte superior de los brazos.

horneó cocinar en el horno: Mamá *horneó* pan para la semana.

horrorosa que inspira temor: ¡Que *horrorosa* película!

huellas marcas que deja uno cuando pasa: El indio sigue las *huellas* de las pisadas.

húmeda algo que contiene agua: La toalla queda *húmeda* después que me seco. ■

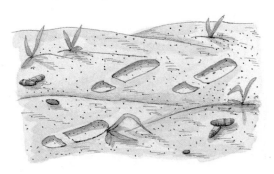

I

idénticos igual: Este reloj es *idéntico* al de papá.

iguale hacer igual que el otro: Él no quiere que yo *iguale* su apuesta.

imaginación Producir ideas originales. Usa tu *imaginación* para hacer un cuento.

imploraron pedir con ruegos; pedir por favor: Ernesto *imploraran* que le salvaran a su perro.

incómodo no estár a gusto: Este asiento es muy *incómodo*.

influye como una cosa produce efectos en otra: Carolina *influye* en las decisiones Alfredo.

informativos dan datos e información: El periódico es un servicio *informativo*.

inmensa grandísima; casi ni se puede medir: Mi alegría *inmensa*.

inorgánico que no tiene vida: Las piedras son elementos *inórganicos*.

insectos animalitos con seis patas y dos antenas: Las hormigas son *insectos*.■

inventar crear algo nuevo: El técnico quiere *inventar* un nuevo sistema de computación.

invierno el tiempo en el año que hace más frío: En *invierno* cae nieve.

isla un pedazo de tierra rodeada de agua por todos los lados: Puerto Rico es un *isla* bella.

J

jardinería lo que tiene que ver con el jardín: A mamá le gusta la *jardinería*.

juguetón que le gusta jugar: Mi perrito es muy *juguetón*.

L

laderas parte inclinada de un monte: En las *laderas* puedes incontrar cabras.

lejanas no están cerca: Viene de tierras *lejanas*.

leñoso parte de una planta que es duro y fibrosa: Algunas plantas tienen tallo *leñoso*.

leyenda cuento tradicional: Una de las *leyendas* que me gusta más es la de "La llorona".

libertad cuando uno puede hacer lo que quiere: El pájaro no tiene *libertad*.

librería donde se venden libros: Compré mi libro de cuentos en la *librería*. ■

ligeras no pesan mucho; rapida: Estas bolsas están *ligeras*, casi no pesan.

líos meterse en problemas: La mentira puede meterte en *líos*.

litoral en la orilla del mar: Me fui al *litoral* a darme baños de mar.

M

---

mal humor enojado; enfadado: Jaime está de *mal humor* porque se le rompió su bicicleta.

magnífico de gran calidad: El discurso de Susana resultó *magnífico*.

malabarista persona que hace volteretas y camina es la cuerda: El *malabarista* trabaja en el circo.

malvada persona que hace mucho mal: La bruja *malvada* del cuento se miraba en el espejo.

manecillas con lo que marca un reloj las horas y los minutos: Las *manecillas* del reloj marcan la hora exacta. ■

marea alta cuando llega el mar a su nivel más alto: Por las noches la *marea* es *alta* en la costa.

margen al lado de lo que está impreso: Deja un *margen* en tu escrito.

mastiles palos de un buque: Los mastiles sostenían las velas.

maulló el sonido que hace el gato: El gato *maulló* toda la noche.

medallas reconocimiento; algo que usas en una cadena: Dieron *medallas* a los ganadores de la carrera.

mejillas parte de la cara; una en cada lado de la nariz: La niña tiene sus *mejillas* sonrojadas.

meta lo que propones hacer: el ganador llegó a la *meta* primero. Mi *meta* es graduarme de maestra.

métodos estilo o maneras de hacer algo: Me gusta el *método* para enseñar a leer.

millas medidas de distancia: Recorro cinco *millas* para llegar a mi trabajo.

molidos lo que se hace pedacitos o polvo: Los granos del café son *molidos*.

moluscos animal del agua con una concha: Los *moluscos* viven en el mar.

monos animal que pertenece a la clase de los simlos. Como me divertí con los *monos* en le zoológico.

monótono con la misma rutina que cansa: Qué ruido tan *monótono*.

motivo la razón por la cual una person hace algo: Tenía un *motivo* para discutir el asunto con el profesor.

murmurar susurrar sin decir una palabra: Se oye el *murmurar* de los miembros del grupo.

N

nave espacial vehículo para transitar en el espacio: Los astronautas viajan en una *nave espacial*.

necesitada no tiene lo necesario: La familia esta *necesitada* de alimentos.

nieto lo que eres para tu abuelo: A la abuela la visitó su *nieto*.

número romano números sistema de que con letras usamos en las matemáticas: las páginas están marcadas con *números romanos*.

O

ocasionarle causarle; ocasionar: No quisiera *ocasionarle* molestias.

ocultar quitar de la vista; esconder: No debes de *ocultar* la verdad.

oleadas olas grandes que vienen en conjunto: Debido a la *oleada* tan grande nuestro barco no pudo salir.

omitir dejar fuera; no incluir: Susana *omitió* los detalles menos importantes. **omitió**

opinión lo que piensas: Dame tu *opinión* acerca del programa que viste.

oprimió apretar: Lo *oprimió* hasta romperlo.

ordenadas alfabéticamente poner una serie de palabras según el orden del alfabeto. En el diccionario las palabras están *ordenadas alfabéticamente*.

organismo algo que tiene vida: La salud del organismo es muy importante.

organizan poner todo en orden para que todo marche bien: Los niños se *organizan* en equipos para deportes.

orquesta un grupo de músicos: La *orquesta* tocó en el baile.■

orquídea una flor: Le regalé una *orquídea* a mamá.

osciló moverse de un lado a otro: La temperatura *osciló* sobre los noventa grados.

otoño estación del añocuando los árboles pierden sus hojas: En el *otoño* las hojas cambian de color.

otorga dar algo en reconocimiento: El comité *otorgó* la beca a Ana. **otorgó**

P

paisaje el panorama; lo que alcanza ver la vista a una

distancia límite: Desde esta colina puedes ver un hermoso *paisaje*.

países un pueblo con su gobierno como los Estados Unidos: Muchos *países* pertenecen a las Naciones Unidas.

palmera el árbol de la palma: En la playa hay muchas *palmeras*. ■

palpitar el latir del corazón: Cuando estoy alegre mi corazón *palpita* más rápido.

pantalla donde se refleja la imagen en el cine o televisor; gorro de una lámpara: El cinetiene una *pautalla* grande.

paracaídas aparato de tela que usan los paracaidistas: Hoy *paracaídas* hay una exhibición de en el aerapuerto.

pasaporte papeles legales que necesitas para ir de un país a otro: En la aduana me pidieron mi *pasaporte* para poder entrar a México.

pedalaeaba mover el pedal de la bicicleta: *Pedaleaba* duro en su bicicleta para ganarle a su hermano.

pedregosa con muchas piedras: La vereda es *pedregosa*.

película grabación cinamatográfica que ves en el cine: No me gustan las *películas* de guerra.

pelirrojo persona con el pelo rojo: Karín es *pelirroja*.

penacho el plumaje que se usa como adorno arriba de la cabeza: El *penacho* del indio impresionó a todos.

penetró pasar al través: Lucía *penetró* la carne con su tenedor.

peregrino una persona en busca de algo en otras tierras: Fui un *peregrino* en busca de la libertad.

período un espacio de tiempo: Mi tía vino a visitarme por un corto *período* de tiempo.

perno piezas que usas para unir los rieles del tren: Asegura la tuerca del *perno*.

pesadilla algo grave que sueñas: Anoche tuve una *pesadilla*, un oso me persiguió.

pétalos partes de una flor: Los *pétalos* de la margarita son blancos.■

pie plano pie sin arco: Al correr me duelen los pies, pues tengo *pie plano*.

piloto aviador la persona que conduce un avión: Cuando sea grande me gustaría ser *piloto aviador*.

pista huella que deja un animal o persona: El cazador sigue la *pista* a su presa.

plan una serie de pasos para hacer algo: Es un *plan* de la casa. Este es el *plan* que hemos pensado.

polaco original de Polonia: Mi abuela es *polaca*, nació en Polonia.

populares que toda la gente los conoce o los quiere: Los rodeos son muy *populares*.

porta aviones un barco de las fuerzas armadas donde aterrizan y despegan aviones: Mi abuelo fue capitán de un *porta aviones* durante la segunda guerra mundial.

portales puerta de la ciudad: Te veo en los *portales* del centro del pueblo.

prado tierra donde crece el pasto o zacate: El grando está en el *prado*.

premio lo que ganas por tus méritos: Rosa ganó el *premio* del primer lugar en deletreo.

primavera tiempo del año después del invierno cuando los árboles empiezan a florecer: El parque luce hermoso en *primavera*.

proas la parte del frente del barco: La tripulación se reunió en la *proa*.

propio que le pertenece a esa persona: ¿Cuál es tu nombre *propio*?

propósito lo que piensas hacer: Tengo el *propósito* de buscar trabajo.

próxima en seguida: La *próxima* hora será para estudiar.

puntear tocar las cuerdas de una guitarra: El guitarrista *puntea* la guitarra.

puñito un poquito de algo tomado con el puño de la mano: Al caballo le dieron un *puñito* de azúcar.

pupitres la silla del alumno: En el salón de clases hay *pupitres* para los alumnos.

R

---

rábanos vegetal que se come en ensaladas; Me gusta comer *rábanos* con limón.

racimos agrupación en que crecen los plátanos y las uvas: La viña está llena de *racimos* de uvas.

raspada rasguño; raspaso en la piel: Mario al caer se hizo muchas *raspadas*.

rastreras se refiere a las plantas que se arrastran: Tengo plantas *rastreras*.

rastrillaban limpiar con un rastrillo: Los niños *rastrillaban* las hojas.

rasurar cortarte la barba; afeitarte: Los hombres se *rasuran* la barba.

rechiflo abuchear; silbar mucho: El póblico *rechifló* al grupo perdedor.

recibidor primer cuarto de la entrada principal; antesala: Esperé una hora en el *recibidor* para ver al doctor.

regocijaba le daba gusto: Los niños se *regocijaban* en el circo.

relampaguearon luz que produce a la vista los relámpagos: Durante la tormenta las nubes *replampaguearon* por todos lado. ■

remacha remachar esta seguro de que está sujeto: El carpintero *remacha* los clavos con su martillo.

resuene que produce ruido: Haz que el tambor *resuene*.

retraso el hecho de demorarte: Llegaste con *retraso* de una hora.

revelar hacer que se vea o se sepa: No quería *revelar* el secreto.

reventadores algo que se revienta: Esas semillas son *reventadoras*.

reventarse abrirse por el mucho peso o fuerza: Al *reventarse* el globo nos asustó a todos.

revisar examinar de nuevo: Encontró el error al volver a *revisar* el documento.

riachuelo río pequeño: Fuimos al *riachuelo* a mojarnos los pies.

riega ponerle agua a las plantas: El jardinero *riega* sus flores.

riguroso muy difícil: Un temporal *riguroso* azota las costas de Texas.

riqueza muchos bienes o dinero: La *riqueza* del hombre es incalculable.

rizado pelo con rizos: Ricardo tiene su pelo *rizado*.

robles árboles troncos extensos o grandes: En los bosques crecen los *robles*.

robot persona mecánica: Me regalaron un *robot* que camina y habla. ■

rocoso   con muchas piedras: En un terreno *rocoso* encuentras muchas piedras.

rodeada   con cosas alrededor: A la estatua la *rodearon* de rosas.

rogaron   pedir o suplicar: Le rogamos a papá que nos llevara al parque y él accedió.

romper   descomponer; quebrar: Cuidado con ese jarro no se vaya a *romper*.

rótulos   los letreros: Los *rótulos* de luz de neón son muy populares.

roza   tocar algo con otra cosa y tallar: Esa rama *roza* el suelo.

rugir   el sonido que hace el león: En el zoológico oyes a los leones *rugir*.

rumbo   en dirección: Va *rumbo* a su casa.

S

---

salubridad   tiene que ver con la higiene: El departamento de *salubridad* vacuna a toda población.

salvajes   sin domesticar; plantas que no se cultivan: Las plantas que crecen en el chaparral son *salvajes*. El tigre es un animal *salvaje*.

salvavidas   flotador que mantiene al individuo en la superficie del agua: Lanzaron un *salvavidas* al hombre que cayó al agua.

secuencia   el orden de las cosas: Dinos el cuento en *secuencia*.

sedosos   suaves como la seda: La rosa tiene pétalos *sedosos*.

sentido del tacto   como siente la persona lo que toca: El *sentido del tacto* radica en nuestra piel.

señal de regreso   te dice cuando regresar: Nos dieron la *señal de regreso*.

servía   servir; hacer algo para otra persona: El sirviente *servía* a su amo. Lo tiré porque ya no *servía*.

silbato   instrumento que soplas y que se soplas u suena produce un sonido agudo: El policía sonó se *silbato*.

similar muy parecido: Quisiera comprar un lápiz algo *similar* a este.

simpática una persona que cae bien: Es muy *simpática* su hija.

sin embargo de todos modos: No estudié porque estaba enferma, *sin embargo* aprobé el examen.

sistema grupo; el orden o manera de hacer algo: La tierra pertenece al *sistema* solar. Tengo un *sistema* de archivo numérico.

sitio lugar: Este *sitio* me gusta para sembrar el durazno.

siquiera por lo menos: *Siquiera* conseguiste esta blusa al mismo precio.

solitarios sin compañia: La niña era muy solitaria al llegar a la escuela.

sonrojados ponerse uno todo rojo: Los niños se *sonrojaron* cuando la maestra alabó su trabajo.

sótano el cuarto debajo de la teirra: En este edificio las máquinas para lavar están en el *sótano*.

sujeta prender; no dejar ir: La señora *sujeta* a su perro con la cadena.

superficie lo que se ve arriba: La *superficie* de la mesa esta lisa.

súplica pedir por favor: El policía no oyó la *súplica* del conductor.

T

tallo parte de la planta que sostiene parada la planta: Ese *tallo* está creciendo torcido.

tambaleándose moverse de un lado a otro sin control: El enfermo llegó *tambaleándose* al hospital.

tamborilero persona que toca el tambor: El *tamborilero* es diestro con su tambor.

tararea cantando sin mencionar palabras: Luisa *tararea* la canción.

tejer hacer zapatillos o prendas con estrambre u otro material: Mamá *teje* un suéter. Los indios *tejen* canastas hermosas.

telégrafo lugar donde envías un mensaje de una ciudad a otra: Fui al *telégrafo* para madar un telegrama a mi padre.

terciopelo una tele suave que se parece a la pana: La capa del rey es de *terciopelo*.

tema el tópico que se discute: El *tema* de mi discurso fue aceptado.

tembloroso tiembla mucho: El pulso del hombre viejo es *tembloroso*.

tiestos donde siembras algo; una maceta: Siembra esas plantas en los *tiestos*.■

tímida te da vergüenza; tienes miedo: La niña es *tímida*.

típico se relaciona a algo; es característico de algo o alguna parte: Ese sonido es *típico* del tren del ferrocarril.

toalla lo que usas para secarte el cuerpo: Seco mi cara y mis manos con una *toalla*.

transcurso a medida que pasa el tiempo: En el *transcurso* de una hora terminé de escribir mi tarea.

traspasaron llevar algo de un lado a otro: Los cohetes *traspasaron* las fronteras del espacio.

traspatio el patio que se encuentra atrás de la casa: En el *traspatio* mi abuela tiene muchas plantas.

trastes lo que usas para servir la comida: Tengo muchos *trastes* en esta cocina.

treceavo la persona o cosa número 13: Samuel es el *treceavo* en la lista.

tripulación personas que van abordo y ven que el vehículo funcione: Toda la *tripulación* de abordo está lista para atender cualquier emergencia.

túnel pasaje por debajo de la tierra o de un lugar a otro: El tren pasa por un *túnel*.

turno cuando te toca hacer algo: Marisa espera su *turno* para leer en clase.

V

vainas la cáscara de ciertas legumbres como el ejote: Los ejotes son *vainas* comestibles.

valiente una persona que muestra valor: El soldado es *valiente*.

vigas pedazos de madera o acero que se usan para mantener los rieles: Las *vigas* del techo son gruesas.

valija otra palabra para maleta o velis: ¿Tienes lista tu *valija* para el viaje? ■

valor lo que tiene una persona que no tiene miedo: Esa joya tiene un gran *valor*. El soldado defiende con *valor* a su país.

vecinales caminos estrechos del barrio o colonia: Tienes que manejar por caminos *vecinales* para llegar al pueblo.

vecinos las personas que viven al lado: Somos *vecinos* vivimos en la misma calle.

velero un tipo de barco que mueve el viento: Navegué en un *velero* por la bahía.

ventarrones viento fuerte que pega periódicamente: Los *ventarrones* tiraron ese techo.

verja cerca que se usa alrededor del patio o propiedad: Entra por la *verja* al corral.

veterinario el doctor de animales: El *veterinario* vacunó a mi perro contra la rabia.

vida marina cosa viviente del mar: La *vida marina* es interesante.

vigilando estar al tanto de una persona o cosa: la enfermera estuvo *vigilando* toda la noche al enfermo.

visor   algo para cubrir del sol: El *visor* esta arriba de la cámara fotográfica.

voltereta   maroma en el aire: El acróbata dio una *voltereta* que hizo reir al público.

volumen   un libro; la antidad: El *volumen* de esa piedra es muy grande. El primer *volumen* en esa enciclopedia tiene la letra A.

Y
---

yedra   planta que se trepa en las paredes: La casa esta cubierta con *yedra*.

Z
---

zapatero   la persona que hace o arregla zapatos: El *zapatero* usa cuero para hacer los zapatos. ■

Lista de palabras

Las siguientes palabras han sido introducidas en este libro. Cada una está al lado del número de la página donde primero aparece.

Matuk, el niño esquimal
(66–73)

66 Matuk
   Kunik
   Tupak
   a través de
   desaparecían
   arpón
   cazador
   focas
67 apresuró
   grieta
68 apretó
   gruñidos
   atraparlo
   fuera de alcance
70 agujero
71 marqué

No lo abran
(80–87)

80 Moody
   ocasionarle
   litoral
   cuidó
   tirado
   bondades
   odiaba
   manecillas
   septiembre
   oscureció
   sudeste
81 relampaguearon
   estrallaron
   arremetía
   tantito

   carretilla
82 cómoda
   raspadas
   desconocido
83 tramposo
   corcho
   destapó
84 oleadas
   torciéndose
   horrorosa
   pesadilla
85 chillar
   tambaleándose
   marcando el
   paso
   apuntaban

La vida en la playa
(88–92)

88 seres vivos
   costa
   colindante
   volumen
   molidos
   granulitos
89 explorar
   organismos
   marea alta
   inorgánicos
   dejándolos
   cangrejos
   moluscos
   algas
90 convivir
   respetarse
   influye
   ermitaño
   protegido

   ventarrones
91 vida marina
   sentido del
   tacto
   descalzos
   explores

Elisabeth la buscatesoros
(96–104)

96 habitan
   empacó
   buscatesoros
   enterrar
   Eckleberry
   nieto
97 pista
   retirada
   caracoles
98 despaciosos
   jaiba ermitaña
   agachándose
   pide prestado
99 rasuran
   filosa
   almejas
   navajas
   exactamente
100 caminante de
   cuerda floja
   balanceándose
   huellas
   ligeras
   rompeolas
101 colecitas
   balano
102 racimos
103 protestó

172 rascó
peine
173 Jason
batiendo
apurado
atardecer
gallinero
174 enfriaba
abanicaba
portales
siquiera
farol
175 plaza
aplaudió
amontonaban
176 reales
gorgoteando
riachuelo
177 tocaban
desapareció

Siguiendo instrucciones escritas
(180–183)

180 baldes
artículos
domésticos
instrucciones
banda
tener presente
vuélvelos
asegúrate
omitir
181 chicharra
papel encerado
elástico
extremo
envuelve
tararea

182 harmónica
183 hule
guitarra
clavijas
centímetros
apertura
puntear

Blanca Nieves y sus amigos
(184–193)

184 diferentes
espejo
Dopey
Doc
decoración
trono
narrador
comedia
malvada
185 criatura
válgame
186 deshacer
suficiente
187 árbol de pino
encargo
a causa de
188 rumbo
enanos
189 caemos bien
éxitos
populares
gorriones
190 próxima
iguale
sonrojados
mejillas
discurso

191 refugiado
meta
valor
fe
obligaciones
luchas
envenenaré
192 simpática
193 frota
escaparme
Boy Scouts

Hermosura
(196)

197 sembrador
festeja
cosecha
arrullo
discreta
anhelos
revelar

Tema, idea principal y detalles que lo sustentan
(198–203)

198 sustentan
jardinería
tema
cultivando
riega
199 contener
diversos
calurosos
áridos
establece
sin embargo

Key: (l)-Left; (r)-Right; (c)-Center; (b)-Bottom

Photographs

Page 2–3, HBJ Photo/John Petrey; 38–39, Jim Shaughnessy; 41, Jim Shaughnessy; 74, HBJ Photo/John Petrey; 78, Kurt Scholz/Shostal; 79(l), Ken Scholz/Shostal; 79(r), Fritz Henle/Photo Researchers; 106–107, Vandystadt/Photo Researchers; 151, Kurt Scholz/Shostal 154–155, HBJ Photo/Paul Gerding; 196–197, Larry Lefever/Grant Heliman; 200, Rafael Macia/Photo Researchers; 202(t), W.H. Hodge/Peter Arnold; 202(b), A&Z Collection Ltd./Photo Researchers; 203(t), Courtesy of W. Atlas Burpee Co.; 203(b), Ed Simpson/After Image; 204, Robert M. Friedman/Frozen Images; 205(t), Jon Yeager/Photo Library; 205(b), Robert P. Carr/Bruce Coleman; 206, HBJ Photo/Rodney Jones; 207, Russ Kinne/Photo Researchers; 208(t), W.H. Hodge/Peter Arnold; 208(b), C.C. Lockwood/Bruce Coleman; 209(t), Ken Brate/Photo Researchers; 209(b), HBJ Photo/Rodney Jones; 228, HBJ Photo/Paul Gerding; 232 (top to bottom), Brown Brothers, Bechtold/Stock Shop, Granger Collection, Tommy Thompson/Stills, Inc., Brown Brothers. Grant Heilman, NASA, Brown Brothers; 233(l), Bettmann Archive; 233(c), H. Armstrong Roberts; 233(r), Comstock, Inc.; 244, Robert S. Arnold; 321, Grant Heilman

Contents: Unit 1, 2–3, HBJ Photo/John Petrey; Unit 2, 78, Ken Sholz/Shostal; Unit 3, 154–155, HBJ Photo/Paul Gerding; Unit 4, 233, H. Armstrong Roberts.

Illustrators

Lynn Adams: 22–25, 94–95, 112–125; Dave Blanchette: 262–263, 282–283, 294–299; Valerie Brachman: 14–15; Jesse Clay: 171–177; Susan David: 284–290; Marie DeJohn: 304–317; Dee Deloy: 16–17, 249; Lane DuPont: 142–147; Leslie Dunlap: 56–63, 272; Larry Frederick: 276–279; Wayne Hovis: 52–53, 198; Robert Korta: 180–183; Barbara Lanza: 326–339; Kaaren Lewis: 132–133; Gary Lippencott: 264–269; The Marketing Connection, Florida: 166–167; Al Michini: 18, 44–49, 260–261; Monica Santa: 54, 168–169, 251–256; Steven Schindler: 4–11; John Walter, Jr.: 36–37; James Watling: 66–71; Michelle Wiggins: 134–139; Lane Yerkes: 184–193.